Walter Wittmann

Der Steuerstaat

Die Ausbeutung der Fleißigen

Walter Wittmann

Der Steuerstaat

Die Ausbeutung der Fleißigen

Wirtschaftsverlag Langen-Müller/Herbig

Schutzumschlag: Christel Aumann, München
Gesamtherstellung: Jos. C. Huber KG, Dießen
Printed in Germany
ISBN: 3-7844-7174-9

Inhalt

Wendezeit

Die Entwicklung der alten Industrieländer vollzieht sich in »langen Wellen« der Konjunktur: Auf einen langfristigen Aufschwung von 25 bis 30 Jahren folgt jeweils eine Periode von Arbeitslosigkeit, schwachem Wachstum und von beschleunigtem Strukturwandel. Der langfristige Aufschwung nach dem Zweiten Weltkrieg ging Anfang der siebziger Jahre zu Ende. Seither befinden wir uns in einer Übergangsphase, in der die Weichen für einen neuen langfristigen Aufschwung in den neunziger Jahren gestellt werden: Wir befinden uns mitten in einer industriellen Revolution, deren Bejahung unabdingbare Voraussetzung für die Überwindung jener Probleme ist, mit denen wir seit den siebziger Jahren konfrontiert sind.

Angesichts der Schwierigkeiten, mit denen wir zu kämpfen haben, ist sozusagen jedermann von der Notwendigkeit des Umdenkens überzeugt. Die Vorstellungen, wie umzudenken ist und wie eine Wende konkret auszusehen hat, gehen aber diametral auseinander. Wie die Zukunft verlaufen könnte und sollte, darüber gibt es eine Vielzahl von Modellen und Szenarien. Sie wurden ab den siebziger Jahren entwickelt und reichen von den zyklischen Extrapolationen der letzten Jahrzehnte und Jahrhunderte bis hin zu den Utopien. Es ist dabei kaum möglich, zwischen realistischen Zukunftsbildern und Wunschdenken zu unterscheiden.

Inzwischen besteht darüber Konsens, daß wir uns seit Anfang der siebziger Jahre in einer Transformationsperiode der Weltwirtschaft befinden. Wir sind auf dem Wege in eine neue Phase der langfristigen Wirtschaftsentwicklung. Sie wird sehr unterschiedlich verlaufen, je nach dem, welche Ordnungspolitik betrieben wird. Wer den wohlfahrtsstaatlichen Weg fortsetzt, dem droht zuerst die Stagnation und später der Niedergang. Wer die marktwirtschaftliche Wende schafft, der hat Aussicht, nach einer schwierigen Anpassungszeit, wieder den Wachstumspfad zu erreichen: Es wird hier langfristig aufwärts gehen. Die Industrieländer und nicht nur sie befinden sich gegenwärtig in einer historisch entscheidenden Wendezeit.

Es kommt nicht von ungefähr, daß seit Jahren intensiv über die Leistungsfähigkeit wirtschaftlicher, sozialer und politischer Systeme diskutiert wird. Allzulange hat man ihre Eigenschaften nicht erkannt oder nicht zur Kenntnis genommen. Wird ein bestimmtes System immer weiter entwickelt, so stößt es an seine Grenzen. Werden diese nicht respektiert, so begibt man sich auf den Weg in ein anderes System. Doch auf Dauer machen sich die negativen Seiten zunehmend bemerkbar. Sie werden zu einer echten Bedrohung von Freiheit, Gerechtigkeit und

Wohlstand. So vollzog sich in der Nachkriegszeit der Übergang von der Sozialen Marktwirtschaft zum Wohlfahrtsstaat. Er ist in eine Sackgasse geraten, aus der er nicht ohne eine marktwirtschaftliche Wende herauskommt!

Das Programm der Wende weg vom Wohlfahrtsstaat ist hinreichend bekannt, es ist – in die Politik umsetzbar – ausformuliert worden. Dazu zählen u. a. auch Steuerentlastungen, damit es sich wieder lohnt zu lernen, forschen, entwickeln, arbeiten und innovieren. Erst dann wird es der Wirtschaft wieder dauerhaft besser gehen. Die steuerlichen – und andere – Anreize müssen stimmen. Es muß wieder Spaß machen, Geld zu verdienen.

In den letzten Jahren kam es zu bedeutenden Steuerentlastungen, welche sich günstig auf die wirtschaftliche Aktivität auswirken, doch: Die Defizite sind geblieben, in manchen Ländern gelang es nicht einmal, sie zu stabilisieren. Der Steuerstaat befindet sich weiterhin in einer gefährlichen Krise! Ihm droht auf Dauer die Zahlungsunfähigkeit, der Staatsbankrott! Gesunde Staatsfinanzen sind seit jeher die Voraussetzung für eine leistungsfähige Wirtschaft. Doch damit stellt sich die Frage: Was ist darunter zu verstehen? Darüber ist ein Konsens erforderlich, wir brauchen einen Grundsatzentscheid. Dieser darf sich nicht auf punktuelle Entlastungen der privaten Haushalte und der Wirtschaft beschränken. Er muß darüber hinausgehen: Das aktuelle Steuersystem ist fundamental so zu reformieren, daß es zur Marktwirtschaft paßt. Erst dann ist die Wende – in der Finanzierungspolitik des Staates – vollzogen!

Auch heute noch dominiert das Leistungsfähigkeitsprinzip der Besteuerung, das im vorigen Jahrhundert entwickelt und eingeführt wurde. Es hat uns insbesondere über die progressive Besteuerung in die Sackgasse des Wohlfahrtsstaates geführt. Es sollte sich daher von selbst verstehen: Wir müssen davon Abschied nehmen und die Steuergerechtigkeit neu definieren. Erst dann ist der Weg frei für den Systemwechsel in die marktwirtschaftliche Finanzierung des Staates!

Krise des Steuerstaates

Seit Anfang der siebziger Jahre ist der Staat nicht mehr willens und in der Lage, seine Ausgaben ausschließlich mit Steuern zu finanzieren. Er hat sich seither massiv verschuldet. Der Schuldenberg hat nicht nur in den Entwicklungsländern, sondern auch in den Industriestaaten ein bedrohliches Ausmaß angenommen. Eine wachsende Zahl von Schuldnern denkt bereits nicht mehr an Tilgung, es ist nur noch von Umschuldungen die Rede. Zugleich ist es absehbar, daß selbst Zinszahlungen ausbleiben werden. In jüngster Zeit macht das Gespenst des Staatsbankrotts die Runde! Doch bisher ist es jeweils im letzten Moment gelungen, ihn abzuwenden. Andernfalls kommt es zu einer Kettenreaktion, welche die Weltwirtschaft in eine tiefe und lange Depression stürzen wird. Daran kann aber niemand interessiert sein. Daher wird man alles unternehmen, um den Crash zu vermeiden.

Machen wir uns aber nichts vor: Die Krise des Steuerstaates ist nicht gelöst. Die Situation, in der sich der Steuerstaat seit über einem Jahrzehnt befindet, ist grundsätzlich nicht neu. Er ist auch früher der Versuchung erlegen, die Steuerquellen jeweils bis an ihre Grenzen und darüber hinaus auszuschöpfen. Kam er damit nicht aus, um seine Ausgaben zu finanzieren, so hat er stets den Weg des geringsten Widerstandes eingeschlagen. Er verschuldete sich, solange ihm das ermöglicht wurde. Eine Anpassung der laufenden Ausgaben an die Steuereinnahmen ist ihm selten gelungen. Daher konnte er im Rahmen seiner Schuldenwirtschaft nur auf die Zahlungsunfähigkeit, den Staatsbankrott zutreiben. Das ist keineswegs neu, Krisen des Steuerstaates gab es immer wieder, sie endeten stets nach dem gleichen Muster: Der Staat zog einen Strich unter seine Vergangenheit und erklärte sich zahlungsunfähig. So konnte er überleben! Verloren haben jeweils jene, die ihm Kredit gegeben hatten. Doch das geriet immer wieder in Vergessenheit, das Spiel konnte so von neuem beginnen. Davon legen die Krisen des modernen Steuerstaates Zeugnis ab. Sie verbinden sich mit den napoleonischen Kriegen, dem Ersten und dem Zweiten Weltkrieg.

Die enorme Verschuldung während den napoleonischen Kriegen hatte die meisten europäischen Staaten an den Rand des finanziellen Ruins gebracht. Es gab Währungszerrüttungen und Staatsbankrotte. So erklärte sich Dänemark 1812 zahlungsunfähig. In den ersten Jahrzehnten danach bemühten sich die meisten Staaten intensiv um den Abbau ihrer Schulden. Sie richteten dazu Tilgungsfonds ein, die sie mit Sondersteuern finanzierten. Doch allmählich erlahmte die Lust am Tilgen! Vom Tilgungszwang ging man zur freien Tilgung über. In der Folge blieb

die Zurückzahlung von Schulden aus und es kam erneut zu einer wachsenden Verschuldung.
Es wurden immer wieder Anläufe unternommen, die Finanzierung des Staates auf eine gesunde Basis zu stellen. So setzte sich nach den napoleonischen Kriegen der klassische Grundsatz durch, von Kriegen abgesehen, dürfe sich der Staat künftig nur noch für rentable Investitionen verschulden. Hier handelt es sich um Investitionen, die – direkt – einen Ertrag abwerfen, der ausreicht, um die Zinsen zu bezahlen und die Schulden systematisch zu tilgen. In diesem Fall gerät der Steuerstaat nicht in Zahlungsschwierigkeiten und geht auch nicht bankrott. In der Finanzwissenschaft konnte sich diese konservative Verschuldungsregel bis zur Weltwirtschaftskrise der 1930er Jahre halten. Doch in der Praxis wurde von ihr schon zuvor Abschied genommen.
In der zweiten Hälfte des 19. Jahrhunderts nahmen die Staatsschulden vorrangig infolge der staatlichen Unternehmungstätigkeit zu. Zum einen wurden die kommunalen Versorgungs- und Verkehrsunternehmen auf- und ausgebaut. Zum anderen wurde der Staat veranlaßt, sich am Bau von Eisenbahnen zu beteiligen und nicht rentable Strecken im öffentlichen Interesse zu übernehmen. Die Verschuldung erfolgte im wesentlichen zum Ausbau der Infrastruktur. Das förderte das wirtschaftliche Wachstum und daraus erwuchsen dem Staat zusätzliche Einnahmen. Der Schuldendienst konnte so problemlos abgewickelt werden. Die damalige Verschuldung des Steuerstaates darf auch im nachhinein durchaus gerechtfertigt werden. Jene Generationen, die Schulden erb-

ten, hatten einen Gegenwert in einer für sie nützlichen Infrastruktur.
Jene Industrieländer, die sich aktiv am Aufstieg des Kapitalismus beteiligten, verfügten über reichlich fließende Steuern: Sie konnten daher ihren Kapitalbedarf aus laufenden Einnahmen decken. Ihre Schulden bewegten sich infolgedessen in einem finanziell und wirtschaftlich tragbaren Ausmaß. Während des langfristigen Aufschwungs von den 1890er Jahren bis zum Ersten Weltkrieg, der von der industriellen Revolution der 1880er Jahre ausgelöst und getragen wurde, konnte eine zusätzliche Verschuldung schon deshalb verkraftet werden, weil die Wirtschaft rasch expandierte: Die Zins- und Schuldenlast wurde entsprechend relativiert!
Schon vor dem Ersten Weltkrieg verfügte der Steuerstaat über die progressive Einkommenssteuer natürlicher Personen. Dazu kamen einige Ertragssteuern, so zu Lasten von Grund und Boden, und zahlreiche spezielle Verbrauchssteuern. Als die Militärausgaben im Ersten Weltkrieg sprunghaft anstiegen, geriet der Steuerstaat aber erneut in eine schwere Krise. Seine Schulden kletterten auf ein bisher nicht gekanntes Ausmaß. Damals erschien es aussichtslos, diese Schulden je mit Steuern tilgen zu können. Finanzsoziologen sagten den Untergang des Steuerstaates voraus. Einer ihrer herausragenden Vertreter, Rudolf Goldscheid, forderte 1917 eine Sanierung des verschuldeten Steuerstaates über die Verstaatlichung des Privateigentums. Schon damals wurde von der Krise des bürgerlichen oder kapitalistischen Staates gesprochen. Dieser sei durch den Sozialismus

abzulösen. So – und nur so – könne die Krise des Steuerstaates überwunden werden.

Doch dazu gab es auch andere Ansichten: Im Jahre 1917 erschien »Die Krise des Steuerstaates« von Joseph A. Schumpeter. Es handelte sich um eine brilliante Kritik der Analysen und Postulate von Goldscheid. Auch für Schumpeter befindet sich der moderne Steuerstaat an einem Wendepunkt. Er ist aber überzeugt, daß sowohl der Steuerstaat als auch das freie Wirtschaftssystem ohne Zusammenbruch und »erdrückende Härten« die Finanzierungsfolgen des Ersten Weltkrieges zu verkraften vermögen.

Auf die damalige Finanzkrise antwortete der Steuerstaat mit neuen, massiven Steuern: In zahlreichen Industrieländern wurden die Körperschafts- und die allgemeine Umsatzbesteuerung eingeführt. Unternehmen und Konsumenten wurden in die Finanzierung des Steuerstaates einbezogen. Als die Wirtschaft sich im Laufe der 1920er Jahre erholte und bis 1929 einen starken Aufschwung erlebte, vermochte der Staat seine Schulden erheblich zu tilgen. Dabei kamen spezielle Tilgungssteuern insbesondere zu Lasten von hohen Einkommen und Vermögen zum Zuge. Das wirtschaftliche Wachstum relativierte – erneut – die Zins- und Schuldenlast. Der Steuerstaat erlebte in den 1920er Jahren eine beachtliche Renaissance.

Während der weltwirtschaftlichen Depression der 1930 Jahre kam es zu einer grundsätzlichen Wende in der Finanzierung des Staates: Die klassische Regel, wonach der Staat sich nur für rentable Investitionen verschulden darf, wurde – von John Maynard Keynes

– über Bord geworfen. Dem Staat wurde nun die Aufgabe übertragen, über kreditfinanzierte Ausgaben für Vollbeschäftigung zu sorgen. Die »funktionale« oder »kompensatorische« Finanzpolitik wurde hier geboren und gleich in die Tat umgesetzt: Zuerst von den faschistischen Diktaturen und 1935 in den USA im Rahmen des »New Deal« von Präsident D. Roosevelt. Gigantische Maßnahmen zur Arbeitsbeschaffung lösten eine entsprechende Schuldenwirtschaft aus. Theorie und Praxis waren sich einig: Zur Bekämpfung von Arbeitslosigkeit darf und muß der Staat sich sozusagen grenzenlos verschulden.
Doch damit nicht genug: Gefordert wurde eine Verschärfung der Progression der Einkommenssteuer mit dem Ziel einer massiven Umverteilung »von oben nach unten«. Das Argument lautete: Die oberen Einkommensschichten konsumieren zu wenig, was die Nachfrage nach Konsumgütern hemmt. Dieser Ausfall an Nachfrage ist mit Arbeitslosigkeit verbunden. Deshalb sind die oberen Einkommen zusätzlich abzuschöpfen und damit Staatsausgaben zu finanzieren. So wird die Wirtschaft angekurbelt und die Beschäftigung verbessert. Davon profitieren insbesondere die unteren Einkommensschichten, die Einkommensverteilung wird gleichmäßiger oder eben »gerechter«!
Im Laufe des Zweiten Weltkrieges stieg die Verschuldung sprunghaft an und erreichte einen historischen Höchststand. Wie gehabt, kam es zur Erhöhung alter und der Einführung neuer Steuern. Nie zuvor wurden Unternehmen und private Haushalte so intensiv in die Finanzierung des Staates einbezogen: Die Spit-

zenbelastung der Einkommen natürlicher Personen überschritt nun die 50-Prozent Schwelle. Damals wurde der Weg frei für eine – später – hundertprozentige Abschöpfung von Spitzeneinkommen.
Für die Staatsverschuldung wurden während des Zweiten Weltkrieges neue Kriterien entwickelt: Wenn der Staat sich nur im Inland verschulde, gäbe es keine Grenzen! Er verschulde sich nur gegenüber den eigenen Bürgern. Die Staatsschuld wurde im weiteren in Beziehung zum Volkseinkommen gesetzt. Je rascher die Wirtschaft wachse, desto mehr relativiere sich die Verschuldung, sie verliere so an Bedeutung. Dies gilt insbesondere für eine expansive Finanzpolitik, die über die beschleunigte Inflation die Staatsschulden entwertet: Der Staat saniert sich zu Lasten seiner Kreditgeber!
Als die erwartete Nachkriegsdepression in den alten Industrieländern ausblieb und ein langfristiger Wirtschaftsaufschwung einsetzte, der bis Anfang der siebziger Jahre dauerte, waren die Voraussetzungen zur Bewältigung der Vorkriegs- und der Kriegsschulden geradezu ideal: Zum einen flossen die Steuereinnahmen reichlich und zum anderen erwies sich eine Neu-Verschuldung als überflüssig. Es kam zu einer anhaltenden Schuldentilgung. Die starke Expansion des Volkseinkommens ließ die Schuldenlast schwinden. Der Steuerstaat erholte sich rasch und konnte es sich leisten, periodisch Steuersenkungen durchzuführen. Als der langfristige Aufschwung der Nachkriegszeit zu Ende ging, waren die Staatsfinanzen weitgehend in Ordnung.
Als Defizite in den Staatshaushalten Anfang der

siebziger Jahre begannen, hielt man diese für konjunkturell bedingt und vorübergehend. Doch um die Mitte des Jahrzehnts wurde es klar: Die Krise des Steuerstaates war nicht mehr zu übersehen, die Defizite waren und sind struktureller Natur. Anders ausgedrückt: Die Staatsausgaben wachsen im Trend rascher als die (ordentlichen) Einnahmen. Konjunkturelle Erholungen schwächen zwar diesen Trend, lassen ihn aber nicht verschwinden. Die Scherenbewegung zwischen Einnahmen und Ausgaben verursacht eine permanente Neu-Verschuldung. Bis heute ist es nicht gelungen, die Ausgaben den Einnahmen anzupassen und den Staatshaushalt auszugleichen.

Es ist entscheidend zu wissen: Die laufende Krise des Steuerstaates ist anders als früher, nicht durch Kriege und Militärausgaben bedingt. Sie ist in einer »friedlichen« und entsprechend »normalen« Umwelt entstanden. Der Anteil der Militärausgaben an den gesamten Staatsausgaben hat in den Industrieländern seit den fünfziger Jahren sogar abgenommen. So ist die gegenwärtige Krise des Steuerstaates im Kern nichts anderes als der sichtbare Ausdruck der Überforderung des Steuerstaates durch den Wohlfahrtsstaat. Wir haben es mit einer Krise besonderer Art zu tun, die sich u.a. durch folgende Faktoren auszeichnet:

Solange die Wirtschaft rasch expandierte, flossen die öffentlichen Einnahmen, auch dank der Steuerprogression, reichlich. In den 1960er Jahren hatten die Politiker nicht selten Mühe, soviel Ausgabenprojekte zu finden, um dem Einnahmenfluß gerecht zu werden. Man darf daher nicht staunen, daß die

Staatsausgaben im allgemeinen und die Sozialleistungen im besonderen entsprechend zunahmen. Doch das veranlaßte ihre Nutznießer, weitere Ansprüche an den Staat zu stellen. Diese konnten damals befriedigt werden, ohne sich zu verschulden. Das verleitete zur Annahme, diese Wohlfahrtspolitik könne auf Dauer fortgesetzt werden.

Die Folgekosten der Staatstätigkeit wurden weitgehend vernachlässigt. Man ging davon aus, es werde keine finanziellen Probleme geben. Solange sozusagen alles ohne weiteres finanziert werden konnte, war es nicht notwendig umzudenken. Noch Anfang der siebziger Jahre rechnete man allgemein mit der Fortsetzung der günstigen Wirtschaftsentwicklung bis zum Jahre 2000! Das konnte nur zu optimistischen Prognosen über die künftigen Einnahmen des Staates führen.

Je reichlicher die öffentlichen Einnahmen flossen, desto rascher und leichtsinniger ging man dazu über, die jährlichen Entscheidungen über die Staatsleistungen durch Ausgabenmechanismen zu ersetzen. Ihre Bindung an die Lebenshaltungskosten war ein erster Schritt, dem die Anpassung an das Wachstum des (nominellen) Volkseinkommens folgte. Das ersparte permanente und unangenehme Diskussionen zur Anpassung der Staatsleistungen an die Geldentwertung oder an das reale Wirtschaftswachstum. Es wurde »dynamisiert« und »automatisiert«! Damit nahm man ein zunehmend unkontrolliertes Wachstum der Staatsausgaben in Kauf.

Im Laufe der sechziger Jahre nahm der Sozialstaat Abschied vom Subsidiaritätsprinzip: Nun griff er als

Wohlfahrtsstaat auch jenen finanziell unter die Arme, die existenziell darauf gar nicht angewiesen waren. Hier erfolgte ein Systemwechsel von historischer Bedeutung. Für Wohlfahrtsleistungen, die andere finanzieren, gibt es einen nie zu deckenden Bedarf. Es ist daher richtig: Der Wohlfahrtsstaat ist ein »Faß ohne Boden«! Je mehr der Staat leistet, desto mehr wird verlangt. Selbst nicht benötigte Wohlfahrtsleistungen werden zur Selbstverständlichkeit und zum »wohlerworbenen Recht«!

Die Umverteilung von Einkommen, die Redistribution, wurde anhaltend forciert. Je mehr die Staatsleistungen verbilligt wurden, desto rascher setzte sich die Illusion durch, man könne immer mehr und schließlich ganz in den Genuß von Staatsleistungen gelangen, die von anderen bezahlt werden. Der »Gratisbürger« wurde zum (sozialen) Symbol des Wohlfahrtsstaates! Es gewann die Überzeugung Oberhand, der Staat brauche Wohlfahrtsleistungen nur zu beschließen, und schon könnten sie auf Dauer ohne Probleme erbracht werden.

Solange die Wirtschaft auf dem Wachstumspfad war, gab es schon deshalb kaum Widerstand gegen steigende Steuer- und Soziallasten, weil man diese weitgehend überwälzen konnte. Jene, die bezahlen mußten, gaben die Belastungen in höheren Preisen weiter: Ihre Erträge, Einkommen und Gewinne wurden so kaum beeinträchtigt. Die Anreize für die wirtschaftliche Tätigkeit blieben intakt. Dabei wurden die »Grenzen der Besteuerung« und die »Grenzen des Wohlfahrtsstaates« regelmäßig überspielt, nach oben verschoben. So ist es zumindest verständlich,

daß die Frage nach der finanziellen, wirtschaftlichen und sozialen Tragbarkeit von Steuer- und Soziallasten verdrängt wurde. Man disponierte so, als ob es keine Grenzen geben würde!
Als der langfristige Aufschwung der Nachkriegszeit vor über einem Jahrzehnt zu Ende ging, waren die politischen Voraussetzungen für die Verkündigung der Krise des Steuerstaates denkbar ungünstig. Die Politiker drückten sich um die Aufklärung der Wähler. Vielmehr behaupteten sie, es hätte sich fundamental nichts geändert. Sie machten in (Zweck-) Optimismus nach dem Motto: Wenn die Menschen optimistisch sind, kann es der Wirtschaft nur besser gehen. Zugleich betonten sie, es handle sich nur um vorübergehende Engpässe. Sie versprachen – mittelfristig – die Rückkehr zu den goldenen Nachkriegsjahren. In einem solchen Umfeld, das die radikal veränderten, langfristigen Grundlagen verschleierte, war die Zeit für durchgreifende Maßnahmen zur Sanierung des Steuer- und Wohlfahrtsstaates (noch) nicht reif. Doch immerhin wurde regelmäßig versprochen, zu einem ausgeglichenen Staatshaushalt zurückzukehren. Die mittelfristige Finanzplanung erwies sich inbezug auf die Einnahmen als zu optimistisch: Die Defizite wurden zum Dauerproblem!

Ausweg aus der Krise

Im Laufe der siebziger Jahre wurde die Krise des Steuerstaates erkannt und politisch zur Kenntnis genommen. Man war und ist sich einig: Sie muß überwunden werden! Doch über die Art und Weise, wie dies zu geschehen hat, gehen die Ansichten diametral auseinander. Im wesentlichen werden folgende Positionen bezogen:

1. Die neo-marxistische Bewegung meldete sich schon in der zweiten Hälfte der sechziger Jahre. Sie verkündete ihre – an sich – alte Forderung: Der Steuerstaat befindet sich in der Krise, die aber mehr ist: Es ist eine Krise des bürgerlichen und kapitalistischen Staates. Dieses System muß überwunden werden. Durch den Sozialismus: Die Produktionsmittel sind zu vergesellschaften. Jene, die dem Staat Kredit gegeben haben, sollen einen Totalverlust in Kauf nehmen. Der sozialistische Staat werde sich künftig noch mehr mit Steuern zu Lasten der vermögenden und (noch) leistungsfähigen Schichten finanzieren. Ihm geht es letztlich um die Egalisierung der Einkommen und die Beseitigung der letzten Überreste von

Privatwirtschaft. Um es vorweg zu nehmen: Das neomarxistische Angebot zur Überwindung der Krise des Steuerstaates wurde im akademischen Bereich entwickelt und postuliert: Außerhalb, in der steuer- und wirtschaftspolitischen Praxis, hat es kaum Beachtung gefunden. Selbst sozialistisch regierte (westliche) Demokratien übten eine auffallende Zurückhaltung.

2. Der demokratische Sozialismus setzte sich für die Fortsetzung der Wohlfahrtspolitik ein. Eine Sanierung des Steuerstaates über den Anbau von Staatsleistungen lehnte er kategorisch ab! Er gewährte (noch) mehr Subventionen an nicht konkurrenzfähige Unternehmen und Branchen, baute den öffentlichen Dienst aus, um so den Arbeitsmarkt zu entlasten und erhöhte die Wohlfahrtsleistungen. Kurz gesagt: Er hemmte und verhinderte den Strukturwandel der Wirtschaft und versuchte, die Arbeitslosigkeit über die Staatsausgaben zu bekämpfen. In dem Maße wie der Steuerwiderstand ihn daran hinderte, setzte er die Schuldenwirtschaft fort. Seine Devise war und ist: »Lieber Schulden als Arbeitslosigkeit«!
Der Sozialismus hat in Krisenzeiten nicht davor zurückgeschreckt, zahlreiche Sondersteuern zu Lasten von Vermögen und hohen Einkommen zu erheben. Diese diskriminierenden Abgaben werden jeweils unter verschiedenen Bezeichnungen erhoben: Sie reichen vom »Notopfer« über die »Krisenabgabe« bis hin zur »einmaligen Vermögensabgabe«. Stets ist von Solidarität gegenüber jenen die Rede, die von der Krise besonders hart betroffen sind. Zu

solchen Bestrebungen kam es auch während der laufenden Krise des Steuerstaates, ihnen war aber weniger Erfolg als früher beschieden. Doch was auch immer geschehen mag: Der Sozialismus hat die Forderung nicht aufgegeben, der Steuerstaat sei ausschließlich über zusätzliche Steuern zu sanieren. Dabei hat er die direkten Steuern im Auge! Die indirekten Steuern kommen erst dann zum Zuge, wenn er die oberen Einkommensschichten abgeschöpft hat. Dann ist es unvermeidbar geworden, die eigenen Wähler zur Kasse zu bitten!

3. Zu einer Wende in der Steuerpolitik kam es in den siebziger Jahren in Theorie und Praxis aufgrund einer intensiven Diskussion über die »Grenzen der Besteuerung«. Je mehr die negativen Auswirkungen hoher Steuern auf Arbeitseinsatz, Sparen und Investitionen erforscht wurden, desto rascher zeichnete sich das Ergebnis ab: Die Anreize für die Bestimmungsfaktoren des wirtschaftlichen Wachstums stimmten nicht mehr: Als Ursache wurde die Mißachtung der Grenzen der Besteuerung in den Industrieländern entdeckt. Das führte relativ rasch zum Konsens: Die Progression der Einkommensteuer ist zu entschärfen, die Steuerbelastung muß herunter!

Schon in den sechziger Jahren wurde der Frage nachgegangen: »Altern Volkswirtschaften wie Menschen?«, sind sie dem Untergang geweiht? Die Antwort lautet: Nein. Die Wirtschaft kann revitalisiert werden. Damit war die Frage gestellt, wie das geschehen könne? Die Antwort ist: Abbau von Steuern,

Sozialabgaben und Bürokratie. Vom Steuerstaat wird eine Schlankheitskur verlangt. Die Revitalisierungs-Diskussion wurde in Großbritannien und den USA geführt. Es kommt nicht von ungefähr: In diesen beiden Ländern kam es 1979/80 zu einer neokonservativen Wende in der Steuer- und Wirtschaftspolitik.

Einen großen Einfluß auf die Neu-Orientierung der Steuerpolitik insbesondere in den USA übte die sogenannte Laffer-Kurve aus. Arthur B. Laffer entdeckte ein altbekanntes Phänomen wieder und vermarktete es äußerst wirksam. Zwischen der Belastung durch direkte Steuern und den daraus resultierenden Einnahmen gibt es einen engen Zusammenhang. Er nimmt einen typischen Verlauf: Mit steigender Steuerbelastung nähert sich diese einer Obergrenze, die nur mit negativen Folgen mißachtet werden kann: die Steuereinnahmen sind – absolut – rückläufig. Das darf nicht überraschen: Je höher die Steuersätze klettern, desto schwächer werden die Anreize für wirtschaftliche Tätigkeiten. Es wirkt sich entsprechend auf die Steuereinnahmen aus. Dabei weichen die Betroffenen vermehrt den Steuern legal und illegal (und) in die Schattenwirtschaft aus. Dem Steuerstaat werden in dieser Beziehung Grenzen gezogen, die er im eigenen Interesse beachten sollte.

Steuersenkungen wurden als ein »Wundermittel« zur Erneuerung der Wirtschaft und zum Abbau der Defizite angepriesen. In den USA kam es zu massiven – mehrstufigen – Entlastungen bei der Einkommensteuer natürlicher und juristischer Personen. Inzwischen wissen wir es: Die Revitalisierung der Wirtschaft ist zwar weitgehend gelungen, die Defizite sind aber größer als je zuvor. Dies im wesentlichen deshalb, weil es nicht im angestrebten Ausmaße gelungen ist, die Staatsausgaben zu kürzen. Zugleich blieben die Steuereinnahmen hinter den Erwartungen zurück.

Was nach langen Diskussionen kaum noch zu erwarten war, kam im Herbst 1985 doch zustande. In den USA wurde ein Gesetz angenommen, das dazu verpflichtet, das Budget bis 1991 auszugleichen. Können sich Senat und Repräsentantenhaus bei der jährlichen Budgetberatung nicht auf den erforderlichen Abbau der Defizite einigen, so kommen bestimmte Ausgabenkürzungen von selbst zum Zuge. Doch wurde eine Hintertür offengelassen: In Kriegen und Rezessionen können Ausnahmen gemacht werden. Je harziger die Ausgleichsbestrebungen künftig verlaufen, desto eher wird das Argument Oberhand gewinnen, es liege im Interesse der Konjunkturbelebung die Defizitwirtschaft fortzusetzen. Das muß nicht, es kann aber so sein. Es ist immerhin ein Fortschritt: Die Politiker haben ihre Schwächen erkannt und entschieden sich vorsorglich für eine automatische Maßnahme im Falle ihres Versagens!

Auch die US-Steuerreform 1986 ist unter Dach und Fach, obwohl dieses Unterfangen lange aussichtslos erschien. Die Einkommenssteuer kennt künftig nur noch drei Steuerklassen! Der Spitzensteuersatz beträgt noch 35%. Die Freibeträge werden massiv erhöht, was kinderreichen Familien und den unteren Einkommensschichten zugute kommt. Bei der Körperschaftssteuer wurde der Spitzensteuersatz von

46% auf 35% gesenkt! Strikt begrenzt werden Werbungskosten aller Art und das »Spesenrittertum«. Diese Steuerreform sorgt für eine gerechtere Besteuerung, sie wird sich auch günstig auf die Leistungsanreize auswirken. Die amerikanische Wirtschaft erhält zusätzliche Wachstumsimpulse, sie haben mehr Steuereinnahmen zur Folge. Das erleichtert den beschlossenen Budgetausgleich.
Eine Steuerreform ist auch in der Bundesrepublik Deutschland im Gange, sie erfolgt in zwei Etappen in den Jahren 1986 und 1988. Ihr Ausmaß nimmt sich gegenüber der amerikanischen Steuerreform eher bescheiden aus. In den letzten Jahren ist es nicht gelungen, die Staatsausgaben im allgemeinen und die Subventionen im besonderen wunschgemäß abzubauen. Die Defizite konnten zwar stabilisiert werden, sie sind aber geblieben. Die Bestrebungen zur Sanierung der öffentlichen Finanzen haben sich verzögert. Inzwischen liegt ein Konzept für eine neue Finanzpolitik bis zum Jahre 1995 vor. Es sieht Steuersenkungen von 60 Mrd. DM und eine »strenge Ausgabendisziplin« vor. Die Neuverschuldung des Staates bleibt eine Dauererscheinung. Die Defizite sollen bis 1995 auf 17 Mrd. abgebaut werden, verglichen mit 40 Mrd. im Jahre 1986. Auch hier gibt es eine Hintertür: Die Finanzpolitik soll eine »gewisse Flexibilität« haben, um bei Konjunkturschwankungen aktionsfähig zu sein. Kommt es zu einer Rezession oder werden Wachstumsziele nicht erreicht, so nehmen die Defizite wieder zu, der Budgetausgleich reicht in eine noch weitere Ferne.
Überblickt man die weltweit laufenden Steuerrefor-

men, so ragt ein Merkmal heraus: Unabhängig davon, von welchen Parteien einzelne Länder regiert werden, ist es stets vorgesehen, den Spitzensatz der Einkommenssteuer unter 50 Prozent zu drücken und die Wirtschaft steuerlich zu entlasten. Dies ist Ausdruck der Überzeugung, die Steuerpolitik des Wohlfahrtsstaates sei mit gesamtwirtschaftlich so negativen Auswirkungen verbunden, daß sie untragbar geworden sei. Nur über einen Steuerabbau, der die Leistungs- und Investitionsbereitschaft fördert und die Wirtschaft zu erneuern vermag, hat der Steuerstaat Chancen, wieder über rascher wachsende Einnahmen verfügen zu können. Er hat die Steuerzahler demnach nicht selbstlos, sondern in seinem ureigenen Interesse entlastet!

Werden die USA es schaffen, ihren Haushalt bis 1991 auszugleichen, so haben sie in der Finanzpolitik die Wende endgültig vollzogen. Die anderen Industrieländer haben keine Aussicht, dieses Ziel in absehbarer Zeit zu erreichen. In dem Maße wie sie mit unerwarteten Beschäftigungs- und Wachstumsproblemen konfrontiert werden, darf es über ihr Verhalten keinen Zweifel geben. Die Defizite werden erheblich zunehmen. Geht es der Wirtschaft jeweils konjunkturell besser, so werden sie es verpassen, die Sanierung voranzutreiben. So gewinnt man den Eindruck, daß künftig wohl nur die USA und mit Einschränkungen auch Großbritannien imstande sind, rasch und massiv auf die Herausforderung der Zukunft zu reagieren. Die westeuropäischen Länder fühlen sich ihrer wohlfahrtsstaatlichen Tradition so verpflichtet, daß sie bestenfalls zu einer Politik der kleinen Schritte fähig sind. Diese reichen aber nicht aus, um der Steuerpolitik jene Wende zu geben, auf die wir seit Anfang der siebziger Jahre warten. In der Tat wären Mitte der achtziger Jahre die Voraussetzungen für Reformen günstig. Zu drastischen Maßnahmen wird es erst kommen, wenn der Steuerstaat sich bedrohlich der Grenze seiner Zahlungsunfähigkeit nähert!

Die Krise des Steuerstaates ist nicht bewältigt, sie geht weiter. Der Steuerstaat befindet sich in einem Teufelskreis. Ist er politisch nicht willens und in der Lage, sich marktwirtschaftlich zu reformieren, so werden die zu lösenden Probleme noch größer. Dann ist es erst recht nicht möglich, substanzielle Reformen durchzusetzen. Man schreckt vor großen Schritten und einem Systemwechsel zurück. Doch eines wird so oder anders unausweichlich auf den Steuerstaat zukommen: Seine Ausgabenpolitik ist spätestens dann am Ende, wenn er sich nicht mehr entsprechend zu verschulden vermag. Dann hat er nur noch die Möglichkeit, die Ausgaben massiv zu kürzen und sich mit ordentlichen Einnahmen zu finanzieren. Diese muß er aber so gestalten, daß die Wirtschaft sich wieder erholen kann. Er wird auf jene Konzepte zurückgreifen müssen, die marktwirtschaftlichen und freiheitlichen Ansprüchen genügen!
Es ist seit langem überfällig, sich Gedanken darüber zu machen, wie ein marktwirtschaftliches Finanzierungssystem aussieht, das den alternden Steuerstaat ablösen kann. Dabei ist der Steuerstaat selbst in Frage zu stellen. Er hat sich so entwickelt, daß er

nicht mehr zur Sozialen Marktwirtschaft paßt. Er übt unnötig Zwang aus, ist ungerecht und hemmt den Wohlstand!

Steuern haben Zwangscharakter

Zur Finanzierung des Staates bieten sich das Äquivalenz- und das Leistungsfähigkeitsprinzip an. Ihnen zugrunde liegen zwei diametral entgegengesetzte Auffassungen über die Rolle des Staates in der Gesellschaft. Entsprechend sind diese beiden Prinzipien heftig umstritten, hier prallen Welten aufeinander. Auf der einen Seite der (politische) Liberalismus und die Marktwirtschaft, auf der anderen Seite der (sozialistische) Wohlfahrtsstaat.

Im Liberalismus einigen sich die Menschen freiwillig auf jenen Mindeststaat, der erforderlich ist, um jenen Rahmen abzustecken und zu sichern, der für das Zusammenleben erforderlich ist. Der Staat übernimmt jene Aufgaben, die von den Privaten entweder nicht oder nur unzureichend wahrgenommen werden (können). Jede staatliche Maßnahme ist mit mehr oder weniger Zwang verbunden, man muß sich an Verfassungen, Gesetze und Verordnungen halten. Für eine freiheitliche Gesellschaft ist es entscheidend, den Freiheitsverlust zu minimieren: Nur der Mindeststaat ist für sie systemgerecht und damit auch akzeptabel: Mehr ist in jeder Beziehung schädlich.

Der liberale Staat finanziert sich nach dem – marktwirtschaftlichen – Äquivalenzprinzip! Leistung und Gegenleistung ist seine Devise. Die Empfänger und Nutznießer der Staatsleistungen kommen für ihre Finanzierung auf. Aufgrund dieser Kostentransparenz sind sie darüber im Bilde, mit welchen Aufwendungen jene Forderungen verbunden sind, die sie an den Staat herantragen. So können sie die Staatstätigkeit wunschgemäß und direkt steuern. Die Analogie zum Markt ist hier nicht zu übersehen: Nur wer Leistungen in Anspruch nimmt, bezahlt, die anderen bleiben verschont. Wer nicht Auto fährt, übernimmt keine Kosten des Straßennetzes. Oder: Wer nicht eine Hochschule besucht, hat keine – kostendeckenden – Gebühren zu bezahlen. Beim Äquivalenzprinzip kommen Preise, Gebühren und Beiträge zum Zuge, je nachdem ob die individuellen oder gruppenmäßigen Empfänger von Staatsleistungen ausgemacht werden können. Ziehen sämtliche Einwohner eines Landes aber Nutzen aus Staatsleistungen, z.B. aus der Landesverteidigung, so sind allgemeine Steuern angezeigt. Und nun eine entscheidende – ordnungspolitische – Feststellung: Steuern sind in der Marktwirtschaft die Ausnahme, nicht die Regel!
Steuern muß man unabhängig davon bezahlen, ob und in welchem Umfang der einzelne Staatsleistungen beansprucht. Man definiert sie als Zwangsabgabe ohne konkrete Gegenleistung. Während das Äquivalenzprinzip eine engste Verbindung zwischen Staatsleistungen und finanziellen Gegenleistungen der Empfänger anstrebt, wird dies hier grundsätzlich abgelehnt. Die Entkoppelung ist gewollt und aus der

Sicht des Leistungsfähigkeitsprinzips der Besteuerung auch erwünscht: Dahinter steckt die Vorstellung, jedermann sei Mitglied der Gemeinschaft, er habe entsprechend seiner Zahlungsfähigkeit zur Finanzierung des öffentlichen Bedarfs beizutragen. Hier gelangt also ein kollektiver Grundsatz zur Anwendung. Nicht das Individuum, sondern das Ganze steht im Mittelpunkt, was die unterschiedliche Staatsphilosophie eindrücklich sichtbar macht. Es geht um Individualismus kontra Kollektivismus. Doch dessen sind sich die Anhänger des Leistungsfähigkeitsprinzips nicht in dem Maße bewußt, daß sie ihre Position zu revidieren bereit sind. Nach dem Leistungsfähigkeitsprinzip bewegt sich die Besteuerung zwischen zwei extremen Positionen: Jene, die am meisten Steuern bezahlen, können mit jenen identisch sein, die (fast) keinen Nutzen aus den Staatsausgaben ziehen. Umgekehrt ist es möglich, daß jemand keine (direkten) Steuern bezahlt, aber am meisten aus der Staatskasse erhält. Es sind dies die berühmten Gratisbürger. Sie sind das erklärte Ziel des Wohlfahrtsstaates. Hier und anderswo kommt es zu einer massiven Umverteilung von den oberen zu den unteren Einkommensschichten: Die Redistribution ist ein altes steuerpolitisches Postulat. Es kann soweit gehen, daß es als unsozial gilt, jene darüber aufzuklären, welche die größten Nutznießer des Steuerstaates sind. Verschleierung von Nutzen und Kosten von Staatsleistungen ist die – soziale – Devise. So können und müssen die Wohlfahrtsempfänger nicht erfahren, wer ihre Sozialeinkommen – mit entsprechenden Verzichten – finanziert. Die Wohltäter bleiben unbekannt!

Bezahlt jemand mehr Steuern als er Staatsleistungen empfängt, leistet er einen erzwungenen Netto-Verzicht: Er spendet nicht freiwilllig, er muß bezahlen. Die meisten Steuerzahler müssen, um zu leben, arbeiten. Die entsprechenden Einkommen sind steuerpflichtig. Diese Steuern sind daher nichts anderes als Zwangsarbeit. Es versteht sich daher von selbst: Dieses Übel muß in einer freiheitlichen Gesellschaft auf das unverzichtbare Minimum reduziert werden. In dem Maße wie dies nicht geschieht, wird Zwangsarbeit auferlegt, sie verstößt gegen die Menschenrechte. Es werden bestimmte Steuerzahler ohne jegliche Notwendigkeit bestraft. Von der freiheitlichen Alternative zur Finanzierung von Staatsausgaben nach dem Äquivalenzprinzip wird nicht im möglichen und notwendigem Umfang Gebrauch gemacht.

Untrennbar zu den Steuern und dem Leistungsfähigkeitsprinzip gehört der Grundsatz der Non-Affektation (Nicht-Zweckbindung) öffentlicher Einnahmen: Sämtliche Einnahmen sollen in eine einzige (Staats-) Kasse fließen, aus der die Ausgaben – eben ungebunden – finanziert werden können. Man spricht von der Kasseneinheit. Einer ihrer herausragenden Nachteile ist, daß die Steuerzahler nicht wissen, wofür sie im einzelnen an den Staat Abgaben entrichten. Ihnen fehlt die Transparenz. Sie fühlen sich nicht nur ausgenommen, sondern auch genötigt, für unbekannte Zwecke zu bezahlen. Es gilt daher hier daran zu erinnern: Je mehr der Staat Zwang ausübt und je größer die Einkommensverzichte sind, die dabei zustande kommen, desto größer ist der Druck, dem Steuerstaat in vielfältiger Art und Weise auszuwei-

chen. Es kommt nicht selten vor, daß Steuerzahler sich von diesem ihrem Staat abwenden.
Sieht der Bürger, wofür er Abgaben im einzelnen entrichtet, nämlich für Leistungen, die ihm direkt zugute kommen, so nimmt seine Zahlungsbereitschaft zu: Er akzeptiert den Äquivalenzstaat und weicht ihm entsprechend nicht aus. Allerdings: Erscheinen ihm die Kosten von Staatsleistungen zu hoch, so wird er sich zurückhalten, die Expansion wird gebremst. Angebot und Nachfrage nach Staatsleistungen werden durch die Wähler direkt und effizient gesteuert. Das ist ein Gewinn für die Demokratie. Die Entscheidungen erfolgen bei offengelegten, nicht bei verschleierten Kosten. Eine Manipulation durch einflußreiche Gruppen, die nur an spezifischen Staatsleistungen – möglichst zu Lasten der anderen – interessiert sind, ist weit weniger oder überhaupt nicht mehr möglich.
Und nicht zuletzt: Welche Steuern erhoben und wie sie ausgestaltet werden, entscheidet in der Regel die Mehrheit: Die Minderheit der Steuerzahler ist ihr auf Gedeih und Verderb ausgeliefert. Die Mehrheit der Nutznießer kann sich ihre Leistungen ohne weiteres durch die anderen finanzieren lassen. Zugleich entscheidet auch sie über Steuervergünstigungen! Je mehr die Steuerlasten ungleichmäßig oder sogar extrem verteilt werden, desto eher kommen dabei das Gefühl und die Überzeugung auf, man werde zu Einkommensverzichten gezwungen, die ihren sozialen Sinn und Zweck verfehlen würden. Spätestens hier ist der Steuerstaat auf einem schlechten Wege: Er erzeugt eine wachsende Zahl von Steuerzahlern,

welche eine eigene Steuermoral entwickeln und sich entsprechend – abwehrend – verhalten. Es versteht sich von selbst: Zwangsarbeit leistet niemand gerne und dies schon gar nicht, wenn sie grenzenlos zunimmt. Der Steuerstaat wäre daher gut beraten, sich folgende Regel zu eigen zu machen: So wenig Steuern wie unbedingt nötig, soviel Äquivalenzprinzip wie nur möglich!

Die Progression ist ein Mißverständnis

Was unter Steuergerechtigkeit zu verstehen ist und wie die einzelnen Steuern danach auszugestalten sind, hat sich in den letzten Jahrhunderten stark gewandelt. Die moderne Einkommenssteuer wurde Ende des 18. Jahrhunderts in England eingeführt. Von dort aus trat sie ihren Siegeszug durch die freie Welt an. Gleichzeitig etablierte sich der Grundsatz der Leistungsfähigkeit der Besteuerung. Sein Kernstück ist die Progression der Einkommenssteuer. Sie ist das Symbol der Gerechtigkeit schlechthin. Anders ausgedrückt: Die Steuerprogression ist für den sozialen Ausgleich zwischen »arm« und »reich« unverzichtbar. Je schärfer die Progression und je höher ihr Spitzensatz ist, desto mehr ist Gerechtigkeit verwirklicht. Es gibt Wohlfahrtsstaaten, in denen das wörtlich genommen wird: Sie steuern die hohen Einkommen nahezu ganz weg.

Damit Bestrebungen, die Besteuerung gerecht zu gestalten, nicht in Willkür und Ausbeutung ausarten, ist es entscheidend, über objektive und operable Grundsätze der Besteuerung zu verfügen. Die Finanzwissenschaft hat sich stets intensiv um solche

Prinzipien bemüht, sie wurden jeweils den Anforderungen der Zeit angepaßt. Sie spiegeln daher die politische Entwicklung weitgehend wieder. Im Mittelpunkt stand stets die Frage: Wie sind jene Steuerlasten zu verteilen, die der Staat seinen Bürgern auferlegt, um seinen Finanzbedarf zu decken?

Adam Smith, der Vater der Volkswirtschaftslehre, hat sich auch dazu geäußert: »Die Untertanen jedes Staates sollen zur Unterstützung ihrer Regierung soweit als möglich im Verhältnis zu ihren respektiven Fähigkeiten beitragen; d. h. im Verhältnis zum Einkommen, das sie unter dem Schutze des Staates genießen«. Die Steuern sind also nach der individuellen Leistungsfähigkeit zu bemessen. Für Smith bedeutet das einen proportionalen Tarif. Die Steuerzahlungen werden als Entgelt für den Schutz entrichtet, den der Staat seinen Bürgern gewährt. Es ist nicht zu übersehen: Gemeint ist hier der sogenannte »Nachtwächterstaat«! Smith sprach ausdrücklich von der »Gleichmäßigkeit der Besteuerung« und nicht etwa von der »Gerechtigkeit der Besteuerung«. Und noch mehr: Für Smith ist die Wohlstandspyramide, die marktwirtschaftliche Einkommensverteilung, gerecht. Sie darf daher nicht durch die Besteuerung verändert werden. Diese Neutralität oder anders ausgedrückt, der Verzicht auf die Umverteilung von Einkommen erfordert eine proportionale Einkommenssteuer.

Begründer und Befürworter der Steuerprogression gab es aber schon zu Smith's Zeiten. So war Ch. de S. Montesquieu überzeugt, die Personalsteuern müßten nicht nach Proportion der Güter, sondern nach jener der Bedürfnisse ausgestaltet werden: Hier wird der Nutzen vom Einkommen berücksichtigt. J.B. Say war der Ansicht, »daß die progressive Besteuerung die allein gerechte sei«. Mit der Betonung, daß der Verzicht auf einen Genuß besser sei als die Beschränkung des (lebens-)notwendigen Bedarfs, wird ebenfalls auf die Bedürfnisbefriedigung durch Einkommen abgestellt. Folgerichtig muß die Einkommenssteuer auch ein steuerfreies Existenzminimum haben. Dieses war in den Anfängen der Einkommenssteuer nicht allgemein akzeptiert: Es dominierte die Vorstellung, jeder Bürger müsse Einkommenssteuern bezahlen, nur so habe die Steuer allgemeinen Charakter.

Die Progression wurde vehement von jenen radikalen Denkern und Revolutionären befürwortet und entsprechend forciert, für die der Staat eine Zweckorganisation des Bürgertums ist. Für sie war die Einkommens- und Vermögensverteilung alles andere als gerecht: Folgerichtig postulierten sie eine radikale Umkehr dieser Verhältnisse. In der Progression erblickten sie das zentrale Instrument zur Abschöpfung von hohen Einkommen und Vermögen. Als Karl Marx im »kommunistischen Manifest« von 1848 eine starke Progressivsteuer forderte, war dies nicht (mehr) neu und kaum revolutionär. Er rief nach einer steuerlichen Reform, die auf dem Wege war, realisiert zu werden.

In der zweiten Hälfte des 19. Jahrhunderts kam es vorerst zur indirekten oder versteckten Progression. Mit der Einführung des steuerfreien Existenzminimums, eines Freibetrages, wurden die unteren Ein-

kommensschichten entlastet. Um diesen Ausfall zu kompensieren, erhöhte der Steuerstaat einfach den Steuersatz! Die Entlastung der einen und die Zusatzbelastung der anderen, ergibt auch bei einem proportionalen Tarif – faktisch – eine progressive Wirkung. Nun war soviel präjudiziert, daß der Übergang zur direkten, offenen Progression, vollzogen werden konnte. Dazu kam es in den meisten Ländern im letzten Viertel des vorigen Jahrhunderts. Dies geschah im wesentlichen unter dem Druck der rasch erstarkenden Arbeiterbewegung, der parlamentarischen Demokratie und einer politischen Mehrheit, die sich der »sozialen Frage« vermehrt annahm.
Diesen steuerpolitischen Bestrebungen kam eine sich abzeichnende Neu-Orientierung in der Finanzwissenschaft entgegen. Es setzte sich die Überzeugung durch, die Besteuerung sei nicht nur in den Dienst der (neutralen) Finanzierung des Staates zu stellen. Zugleich habe sie die Aufgabe, die Einkommens- und Vermögensverteilung zu verändern. Das erklärte Ziel war aber nicht eine gleiche (egalitäre), sondern eine gleichmäßigere (bessere) Verteilung. Damit wurde die Redistribution als neues Ziel der Steuerpolitik geboren. Sie entsprach dem Zeitgeist, weshalb es nicht überrascht, daß sie allmählich in Mode kam! Allerdings: Die allgemeine Anerkennung blieb der Umverteilung bis in die 1930er Jahre versagt, als der Wohlfahrtsstaat seinen endgültigen Durchbruch schaffte.
Zu einem verhängnisvollen Mißverständnis in der Interpretation des Leistungsfähigkeitsprinzips kam es in den sechziger Jahren des vorigen Jahrhunderts.

Damals formulierte Gossen ein Gesetz, wonach die Bedürfnisbefriedung oder anders gesagt, der Nutzen eines Gutes mit steigendem Konsum abnimmt. Das wurde unbesehen und verallgemeinernd auf den Nutzen von Einkommen übertragen. Danach nimmt der Nutzen zusätzlicher Einkommen – ab einer gewissen Schwelle – bei (weiter) steigenden Einkommen ab: Je höher das Einkommen ist, desto weniger hat man von einer Steigerung dieses Einkommens! Oder anders: Steigt das Einkommen in den unteren Schichten um einen bestimmten Prozentsatz, so ist der Nutzenzuwachs hier entschieden größer, als bei einer gleichen Erhöhung des Einkommens in einer höheren Schicht: Die einen haben mehr Nutzen von zusätzlichen Einkommen als die anderen. Das ist jedenfalls die landläufige und politisch maßgebende Ansicht!
Welche Konsequenzen wurden daraus für die Gestaltung des Steuertarifs gezogen? Das Leistungsfähigkeitsprinzip verlangt ein gleiches Steueropfer aller. Die Nutzen von Einkommen, die das Existenzminimum übertreffen, sind um denselben Prozentsatz zu kürzen. Nehmen die Nutzen den erwähnten Verlauf und fallen sie – in bestimmter Art und Weise – bei steigenden Einkommen, so ist es gerecht, einen entsprechenden progressiven Tarif anzuwenden. Er ist Garant einer gerechten Besteuerung von Einkommen – wohl gemerkt – der natürlichen Personen.
Juristische Personen dürfen, da sie keine individuelle Bedürfnisbefriediung haben, nicht einem progressiven Tarif unterworfen werden. Und nicht zuletzt: Die Progression wird bei den natürlichen Personen ausschließlich mit einer gerechten Verteilung der Steuer-

last begründet. Es ging damals (noch) nicht um das Ziel der Umverteilung von Einkommen. Die Progression hat zwar eine – erhebliche – Umverteilung zur Folge, sie ist eben das Ergebnis, nicht das Ziel einer gerechten Besteuerung nach dem Leistungsfähigkeitsprinzip. Das ist deshalb zu betonen, weil es völlig in Vergessenheit geraten ist. Nicht erst heute wird eine bestimmte Umverteilung von Einkommen über die Besteuerung als sozialer Ausgleich oder als »gerechte Besteuerung« verstanden und ausschließlich in diesem Sinne praktiziert.

Diese Vermischung und Gleichsetzung von Umverteilung und Gerechtigkeit ist in hohem Maße bedauerlich: Sie hat dazu geführt, daß Steuern immer mehr und schließlich nahezu ganz (nur) in den Dienst der Korrektur der Einkommensverteilung gestellt wurden. Das Ergebnis: Die wirtschaftlichen Auswirkungen wurden dabei vernachlässigt. Gerechtigkeit sozusagen um jeden Preis, war und ist – zumindest bis vor kurzem – die alles dominierende Devise der Steuerpolitik. Die Folgen sind allgemein bekannt und anerkannt: Die Progression hat sich in bezug auf die finanziellen und wirtschaftlichen Anreize als extrem schädlich erwiesen. Es kommt nicht von ungefähr, daß ihre Milderung oder Abschaffung bei der Revitalisierung der alternden Volkswirtschaften höchste Priorität erhalten hat.

Die Progression beruht auf einem verhängnisvollen Mißverständnis, das zwar alt ist, jedoch erst in den letzten Jahren ausreichend aufgeklärt wurde. Das Leistungsfähigkeitsprinzip beruht auf Voraussetzungen, die nicht in Erfahrung gebracht werden können:

Zum einen kennt man die Nutzen(-verläufe) von Einkommen nicht, zum anderen haben nicht alle Personen den gleichen Nutzen aus gleichen Einkommen. So kann der gerechte Steuertarif objektiv gar nicht bestimmt werden. Es kommt hinzu: Es müßte für jeden Steuerzahler einen eigenen Steuersatz geben, ein Tarif für einzelne Einkommensklassen vermag den Unterschieden nicht gerecht zu werden. Und noch ein Makel: Bis in den 1950er Jahren ging man davon aus, die Einkommenssteuer könne nicht überwälzt werden: In diesem Fall tragen jene, welche die Einkommenssteuer bezahlen, sie auch selbst. So hat diese Steuer eine endgültige Belastung zur Folge. Die anvisierte Steuergerechtigkeit kann so erreicht werden!

Wir stehen spätestens seit J. A. Cohen-Stuart vor vollendeten Tatsachen: Er erbrachte 1889 den – mathematischen – Beweis, daß selbst ein sinkender (Zusatz-)Nutzen von Einkommen keineswegs stets einen progressiven Tarif erfordert! Und noch mehr: Die Finanzwissenschaft vermag keine allgemein gültige Antwort auf die Nachfrage nach der gerechten Besteuerung zu geben. Je nach dem Verlauf der Nutzen, die von Einkommen gestiftet werden, ist sowohl ein progressiver, proportionaler oder sogar regressiver Tarif angezeigt. Diese Erkenntnis konnte nicht verhindern, daß Progression und Umverteilung sich im vorigen Jahrhundert fest etablierten und zum herausragenden Dogma der progressiven Besteuerung nach der Leistungsfähigkeit wurde!

Obwohl eine andere als die progressive Besteuerung gerecht sein kann, entschied man sich – aus politi-

schen Gründen – für die Progression: Sie ist Mißverständnis und Irrtum zugleich. Es ist mehr als bedenklich, daß die empirisch nicht fundierte Theorie der Leistungsfähigkeit und Progression zur alles überragenden Maxime der Gerechtigkeit werden konnte. Doch zugleich vermag es kaum jemanden zu erstaunen: Das, was jeweils als gerecht verkündet wird, widerspiegelt nichts anderes als die politischen Verhältnisse. Je größer der Einfluß jener wurde, die von der Progression und Umverteilung profitieren konnten, desto mehr wurde der »soziale Ausgleich« forciert. Nicht erst heute ist die praktizierte Steuergerechtigkeit nichts anderes als das Diktat der nutznießenden Mehrheit über jene kleine Minderheit, die maßgeblich in die Finanzierung der Umverteilung herangezogen wird.
Die Progression ist auch Ausdruck des weit verbreiteten Neides in unserer Gesellschaft. Jene, die gut verdienen, erwecken den Neid der anderen. Wer tüchtiger ist als andere, den mag man nicht. Er setzt Maßstäbe, die man weder akzeptieren noch erreichen kann. Deshalb muß er um die Früchte seiner Anstrengungen gebracht werden. Die Steuergerechtigkeit wird dementsprechend bemüht: Die Einkommensunterschiede müssen abgebaut und zum Verschwinden gebracht werden. Das ist ein alter sozialistischer Traum, der weitgehend in die Tat umgesetzt wurde. Doch der Preis dafür ist (zu) hoch: Die Betroffenen haben den Steuerstaat entweder verlassen oder ziehen aus ihm über Schlupflöcher und Steuervergünstigungen größtmöglichen Nutzen. Ihre Devise ist: Retten, was noch zu retten ist. Darunter

leiden ganze Volkswirtschaften. Das schlägt unvermeidlich auf jene zurück, die es mit der Progression zu bunt treiben. Anders wäre die Einsicht wohl nicht zustande gekommen, man müsse nun besonders jene entlasten, die man so beneidet und entsprechend ausgebeutet hat.

Wenn über Progression und Steuergerechtigkeit nur politisch entschieden werden kann, so ist in einer freiheitlichen Demokratie ein fairer Kompromiß überfällig. Er kann nur heißen: Weg mit der Progression, denn sie ist – faktisch – ungerecht und wirtschaftlich schädlich. Ein proportionaler Tarif ist nichts anderes als der Mittelweg zwischen der Progression und der Regression. Es ist nämlich durchaus möglich, daß der Nutzen von Einkommen ab einer gewissen Höhe nicht sinkt, sondern – sprunghaft – steigt. Bewegt man sich jenseits des lebensnotwendigen Bedarfs, so eröffnen Einkommenserhöhungen sozusagen auf einen Schlag neue Konsum- und Nutzendimensionen. Man kann sich nun Dinge leisten, die zuvor unvorstellbar waren. Es würde hier dem Leistungsfähigkeitsprinzip entsprechen, einen – stark – sinkenden Steuertarif anzuwenden. Das würde die Progression zu Recht auf den Kopf stellen. Doch dazu wäre die Mehrheit nicht bereit, denn das würde nicht ihrer Gerechtigkeit entsprechen. Auch hier gilt: Was nicht sein darf, kann nicht sein.

Fällt die Progression weg und zahlt jeder den gleichen Prozentsatz seines Einkommens an den Staat, so muß keiner mehr befürchten, von der Mehrheit vergewaltigt zu werden. Das ist ein Fortschritt, der unübersehbare Vorteile hat: Zahlreiche Bürger könnten sich wieder zum Steuerstaat bekennen, nachdem sie sich von ihm – in dieser oder anderer Beziehung – entfremdet haben. Die schädlichen Auswirkungen der Progression würden verschwinden und nicht zuletzt: Die berechtigte Umverteilung von Einkommen ist auch ohne Progression möglich. Es versteht sich von selbst, daß die progressionslose Einkommenssteuer mit einem echten Existenzminimum auszustatten ist: Wer keine entsprechende Zahlungsfähigkeit aufweist, darf nicht zu Einkommensverzichten zugunsten des Steuerstaates gezwungen werden. Dazu gibt es einen einhelligen Konsens: Doch in bezug auf eine darüber hinausgehende Umverteilung darf erst entschieden werden, wenn nach sozial-marktwirtschaftlichen Kriterien feststeht, wie sich Gerechtigkeit von Ausbeutung unterscheidet.

Gerechtigkeit, nicht Ausbeutung!

Seit Anfang der siebziger Jahre geriet das Leistungsfähigkeitsprinzip der Besteuerung in- und außerhalb der Finanzwirtschaft unter massiven Druck. Nicht wenige Wissenschaftler haben es verlassen und sind Anhänger des Äquivalenzprinzips geworden. Doch ein Element ist geblieben: Der Steuerstaat hat die Aufgabe, die Einkommensverteilung zu korrigieren, sie gleichmäßiger zu gestalten. Die Umverteilung hat sich »von oben nach unten« zu vollziehen. Die Redistribution ist zwar allgemein anerkannt, umstritten ist aber ihr Ausmaß. Es geht, anders gesprochen, um die »Grenzen der Umverteilung«.

Führende Finanzwissenschaftler, wie der Amerikaner R. A. Musgrave, haben nicht erst heute erkannt: Überlegungen und Maßnahmen zu Gunsten der Steuergerechtigkeit müssen auch ihre Wirkungen auf das Gesamteinkommen, den Wohlstand, berücksichtigen. Was für den Ökonomen selbstverständlich ist, wird von der Redistributionspolitik meist nicht zur Kenntnis genommen: Ziel kann und darf nur eine optimale Einkommensverteilung sein. In bezug auf die Umverteilung ist sie erreicht, wenn die Nachteile einer zusätzlichen Redistribution anfangen, ihre Vorteile zu überwiegen: Es kommt zu Netto-Nachteilen! Je mehr die Umverteilung darüber hinausgeht, desto mehr nimmt die wirtschaftliche Leistungsfähigkeit ab. Der zu verteilende Kuchen schrumpft: Es bleibt (immer) weniger zum Umverteilen übrig. Doch daran kann eine Gesellschaft kein Interesse haben. Sie zerstört auf Dauer die Grundlagen ihrer eigenen Umverteilungspolitik.

Je mehr der Steuerstaat bei seinen redistributiven und anderen Maßnahmen sich auf die Gerechtigkeit und Solidarität beruft, desto notwendiger ist es, diese Begriffe inhaltlich klar und operabel zu definieren. Sonst läuft der Steuerstaat – und nicht nur er – Gefahr, die Grenze zur Ausbeutung zu überschreiten. Er wird dann zum Ausbeuter seiner Steuerzahler. Das darf – selbstverständlich – nicht das Ziel einer freiheitlichen und an Gerechtigkeit und Solidarität orientierten Demokratie sein. Es wäre unter anderen Bedingungen ein Rückfall in früh-kapitalistische Verhältnisse!

Im Laufe der letzten Jahrzehnte vollzog sich ein tiefgreifender Wandel in bezug auf den Inhalt von Gerechtigkeit, Solidarität und Ausbeutung. Was für die einen gerecht ist, ist für andere sozial untragbar. Damit ist jenes Verteilungsergebnis gemeint, das aufgrund der Marktkräfte zustandekommt. Was die einen als solidarisch bezeichen, wird von den anderen als Ausbeutung angesehen. So die Einkommensverzichte, die der Steuerstaat von den einen zu Gunsten der anderen erzwingt! Es gibt auch eine wachsende Illegalität zu beklagen: Hier weichen die einen den

Verordnungen und Gesetzen zu Lasten jener aus, die sich daran halten: Für die einen ist dies ungerecht, unsozial und ausbeuterisch, für die anderen lediglich Selbsthilfe des Bürgers im ausbeuterischen Wohlfahrtsstaat. Die Meinungen gehen fundamental auseinander, es besteht kein Konsens mehr über jene »Schlagworte«, die gebraucht und mißbraucht werden, um die traditionelle (Umverteilungs-)Politik des Steuer- und Wohlfahrtsstaates zu rechtfertigen.

Nun sind wir alle – grundsätzlich – für (mehr) Gerechtigkeit und haben die soziale Verpflichtung längstens akzeptiert. Vom Laissez-faire des 19. Jahrhunderts wurde spätestens in der Weltwirtschaftskrise der 1930er Jahre Abschied genommen. Gegen Ausbeutung sind wir schon deshalb, weil wir nicht selbst ausgebeutet werden wollen! Die heiklen Probleme beginnen aber, wenn es um konkrete Maßnahmen geht. Es kommt hier rasch zu einem Durcheinander: Kaum jemand kennt sich darin aus. Engagierte Diskussionen arten in Schlagworte und Emotionen aus: Der – notwendigen – Politik wird so das – objektive – Fundament entzogen. Sie weiß es selbst nicht mehr, was sie eigentlich tut. Ist sie gerecht, sozial oder ausbeuterisch? Eines steht fest: Wir kommen in jeder Beziehung nur vorwärts, wenn wir zu einem tragbaren und dauerhaften Grundkonsens über die – praktikablen – Inhalte von Gerechtigkeit, Solidarität und Ausbeutung gelangen. Doch die Zeit drängt, die Zukunft fordert uns heraus. Es ist überfällig, sich rasch und für längere Zeit zu einigen. Sonst verpassen wir die Wende aus dem veralteten Steuerstaat heraus in die für den Steuerzahler akzeptable Zukunft.

In einer grundsätzlichen Annäherung darf das als gerecht gelten, was aus der Marktwirtschaft hervorgeht: Je besser der Wettbewerb funktioniert, desto mehr entsprechen die Einkommen tatsächlichen Leistungen: Wir haben Leistungsgerechtigkeit. Sie ist die unverzichtbare Grundlage einer jeden freiheitlichen Gesellschaft. In dem Maße wie Marktmacht ausgeübt und der Wettbewerb beschränkt wird, erlangen jene, die den Wettbewerb hemmen, ungerechtfertigte Vorteile: Sie beuten die anderen aus. Das politische Ziel kann daher nur sein: Den Wettbewerb im bestmöglichen Umfang zu verwirklichen! Das ist auch ein soziales Anliegen: Je offener eine Gesellschaft – in jeder Beziehung – ist, desto besser sind die Chancen für jedermann, sich zu entwickeln. Man kann mit Leistungen aufsteigen, man ist entsprechend nicht auf persönliche Beziehungen angewiesen. Aufsteigen heißt: Sich sozial und wirtschaftlich verbessern. Daran muß auch und insbesondere der Steuerstaat interessiert sein. Er kann nämlich auf bedeutend mehr gute Steuerzahler zählen.
Nun ist es offensichtlich: Der erwünschte Wettbewerb kommt nicht von selbst zustande. Er kann ruinös ausarten oder in der Konzentration enden. Dem Staat kommt, um dies zu vermeiden, die Aufgabe zu, jene Rahmenbedingungen zu schaffen und zu gewährleisten, welche die bestmögliche Entfaltung der Marktwirtschaft ermöglichen. Er hat zu verhindern, daß die marktwirtschaftliche Ordnung geschwächt oder sogar ausgehöhlt wird. So kämpft er am wirksamsten gegen Ausbeutung und damit konsequent auf das gerechte ökonomische Ziel hin.

Je besser der Wettbewerb funktioniert und je mehr so Marktwirtschaft verwirklicht ist, desto (system-) gerechter ist es, den Steuerstaat möglichst neutral in bezug auf den Einsatz von Ressourcen und die (personelle) Einkommensverteilung zu gestalten. Die Devise lautet: Neutralität der Besteuerung. Das ist ein altes Postulat, das von den Vätern der Nationalökonomie erhoben wurde, es geriet aber im Zuge des Auf- und Ausbaus des Wohlfahrtsstaates immer mehr in Vergessenheit!

Niemand wird bestreiten: Verzichtet der Steuerstaat auf eine Korrektur jener Einkommensverteilung, wie sie aus dem Marktprozeß hervorgeht, so wird nicht jedermann über jenes Mindesteinkommen verfügen, das für seine materielle Existenz erforderlich ist. Die einen können sich nicht (mehr) am Erwerbsleben beteiligen, die anderen beziehen daraus ein unzureichendes Einkommen. Es versteht sich daher von selbst, daß der Staat ihnen unter die Arme greift. Die Neo-Liberalen haben die Ergänzung der Marktwirtschaft um ihre soziale Komponente schon lange akzeptiert. Sie wirkten tatkräftig mit, die Soziale Marktwirtschaft in die Tat umzusetzen.

Doch entscheidend ist, wie diese soziale Verpflichtung wahrgenommen wird. Schaltet sich der Staat ein, so darf man nie vergessen: Die entsprechenden Entscheide und Maßnahmen werden – zu Recht oder zu Unrecht – von der politischen Mehrheit erzwungen. Die so geübte Solidarität hat demnach Zwangscharakter. Sie darf unter keinen Umständen mit der freiwilligen Hilfe, der Caritas, verwechselt werden. Nur die Caritas ist repräsentativer Ausdruck der

individuellen Bereitschaft, anderen zu helfen. Da diese Mindest-Solidarität nicht ausreicht, muß der Staat sich einschalten. Dabei hat er allerdings das Subsidiaritätsprinzip zu beachten.
Beschränkt sich der Staat auf die subsidiäre Funktion, so würde er jemanden nur in dem Maße unterstützen, wie er darauf angewiesen ist. Er würde sich auf eine Art von Sozialhilfe beschränken. Doch der dafür notwendige individuelle Bedarfsnachweis wird inzwischen als unzumutbar angesehen. Es kommt hinzu: Der Staat ist sozial längstens jenseits dieser Schwelle tätig. Daher ist es wohl aussichtslos, ihn auf diese subsidiäre Funktion zurückzuführen. Je mehr er aber darüber hinaus umverteilt, desto wichtiger ist es, die erforderlichen Grenzen eindeutig und unverrückbar zu ziehen.
Die Grenzen von der Solidarität zur Ausbeutung werden jeweils überschritten, wenn man die soziale Verpflichtung in der Marktwirtschaft verläßt. Hier beginnt der Wohlfahrtsstaat! Er unterstützt Personen und Gruppen über Steuern und Staatsausgaben, die darauf gar nicht angewiesen sind. Entsprechend müssen andere – als Lastesel – Einkommensverzichte üben, die ihren solidarischen Sinn und Zweck verloren haben. Das ist zwar legal, weil von einer Mehrheit so beschlossen: In sozial-marktwirtschaftlicher Hinsicht ist es aber weder gerecht noch solidarisch: Es ist ausbeuterisch!
Voraussetzung der Ausbeutung im Steuerstaat ist die Analogie zur Marktmacht, die über die Beschränkung des Wettbewerbs unberechtigte Vorteile erlangt, die politische Macht jener, die direkt oder

indirekt an der politischen Willensbildung beteiligt sind. Sie können – in wechselnden Koalitionen – die Mehrheit erlangen und den unterlegenen Minderheiten Steuerlasten aufbürden, die ausbeuterisch sind. Steuerzahler sehen sich gezwungen, großzügige Staatsleistungen an jene zu finanzieren, die solche weder benötigen noch dazu leistungsmäßig berechtigt sind: Dabei kommt das Gefühl und die Überzeugung auf, der Staat sei in einen Selbstbedienungsladen mächtiger politischer Gruppierungen umfunktioniert worden. Davon legt z. B. die Subventionspolitik zusammen mit den Steuervergünstigungen beredtes Zeugnis ab.

Je größer und mächtiger der Steuerstaat und seine Bürokratie sind, desto ohnmächtiger muß sich der Steuerzahler vorkommen. Er neigt folgerichtig dazu, sich vom Steuerstaat abzuwenden. Die Zahl der ehrlichen Steuerzahler ist nur dadurch zu vermehren, daß es im Steuerstaat wieder mehr Gerechtigkeit und weniger oder gar keine Ausbeutung geben wird. Der Staat darf unter keinen Umständen noch mehr zum Ausbeutungsinstrument der jeweiligen politischen Mehrheit werden. Ausbeutung ist, in welcher Form auch immer, ungerecht, unsozial und menschenfeindlich: Der Steuerstaat muß dringend von ihr Abschied nehmen!

Der Staat fordert vom Steuerzahler eine bedingungslose Steuermoral und meist hohe finanzielle Opfer für Ausgaben, auch zu Gunsten von anderen. Wer solche Maßstäbe anlegt, der muß damit rechnen, daß auch er daran gemessen wird: Exakt das ist mit dem Steuerstaat zu tun: Was macht er mit unserem – sauer verdienten – Geld? Setzt er es wirtschaftlich ein? Wie steht es um seine Ausgabenmoral? Müssen wir für Verschwendung geradestehen? Und nicht zuletzt: Wie wehren sich die Steuerzahler, wenn der Steuerstaat ihnen ein schlechtes Beispiel gibt? Das sind Fragen über Fragen, sie harren nicht erst heute einer möglichst klaren Antwort. Denn darauf hat der Steuerzahler ein Anrecht: Es ist schließlich sein Geld, das hier massiv im Spiel ist!

Was der Staat mit den Steuergeldern macht

Der Staat hat nie genug Geld! Die Finanzierung hinkt stets hinter seinen Ausgabenwünschen her: Er hat immer wieder neue Aufgaben übernommen, sein Finanzbedarf nahm entsprechend zu. Dies drückt sich in einem steigenden Trend des Anteils von Steuern und Staatsausgaben am Volkseinkommen aus. In zahlreichen Industrieländern geht mehr als die Hälfte des Volkseinkommens über öffentliche Kassen. Doch zugleich steht fest: Der Staat hat auch heute nicht genug Geld, um das zu verwirklichen, was er seinen Bürgern voreilig versprochen hat: Noch mehr Staatsleistungen!

Verschiedene Gründe haben den Staat veranlaßt, laufend neue Aufgaben zu übernehmen: Zum einen, weil die private Initiative jeweils zu schwach war, die erwünschten Leistungen kamen so nicht zustande. Hier sprang der Staat – zu Recht – subsidiär ein! Zum anderen ist er seit über hundert Jahren bestrebt, bestimmte Leistungen mit Rücksicht auf die unteren Einkommensschichten für jedermann zugänglich zu machen und massiv zu verbilligen, so z. B. Schulen und Krankenhäuser. Hier übernahm der Staat Auf-

gaben, die mit seiner finanziellen Unterstützung auch auf privater Basis hätten gelöst werden können. Von den 1960er Jahren her wissen wir es: Der Staat dehnte seinen Bereich einfach deshalb aus, weil er über entsprechende Mittel verfügte. Er war nicht fähig, sich selbst zu beschränken und Steuern fühlbar zu senken. Entscheidend ist jedoch: Eine Erfolgskontrolle der Sozialisierungen wurde nie durchgeführt. Man wird nicht bereit sein, danach zu fragen, ob jene Anlässe, die früher eine vermehrte und neue Staatstätigkeit nahelegten, noch immer gegeben sind? So blieben Privatisierungen – von wenigen Ausnahmen abgesehen – bis heute aus, der Geldbedarf des Staates erwies sich als eine Einbahnstraße: Immer mehr und doch nie genug!
Die Anfänge und die Ursachen der Art und Weise, was der Staat mit unserem Gelde macht, datieren aus den fünfziger Jahren. Damals wurden zahlreiche Defizite in der Staatstätigkeit entdeckt. So u.a. im Bildungswesen! Man sprach von einem »Bildungsnotstand«, einer »Bildungskatastrophe« und war überzeugt, hier ins Abseits geraten zu sein. Anlaß zu dieser Vermutung und Behauptung gab nicht zuletzt die Tatsache, daß die Sowjetunion 1956 ihren ersten Sputnik in den Weltraum schoß. Nun hielten viele das östliche Bildungswesen dem westlichen überlegen. Die USA diskutierten intensiv über »nationale Ziele« und »soziale Indikatoren«, um so den Zustand der Nation besser zu erfassen und sie an neuen Zielen auszurichten. Dabei vermag es nicht zu überraschen: Forschung und Entwicklung wurden forciert! Kurz gesagt: Dem Staat wurde auf zahlreichen Gebieten

eine neue und verstärkte Rolle in Wirtschaft und Gesellschaft zugedacht.

Einen nachhaltigen Einfluß übte die These von J. K. Galbraith aus, wonach es (in den USA) einen »privaten Wohlstand bei öffentlicher Armut« gebe. Dies mag wohl für die 1950er Jahre richtig gewesen sein, doch: maßgebend ist, daß dies in den USA politisch aufgegriffen wurde und auf Westeuropa übergriff: Es gibt eine Unterversorgung mit Staatsleistungen! Die Politik nahm dies zum Anlaß, tiefgreifende Reformen zu fordern: Die öffentliche Armut ist durch »weniger Privatwirtschaft« und »mehr Staat« zu beseitigen: So konnte es nur zu einer beschleunigten Expansion der Staatsausgaben kommen.

Im Laufe der sechziger Jahre kam eine alles dominierende Reformeuphorie auf. Sie fand einen sicht- und fühlbaren Ausdruck in den Studentenunruhen von 1968. Hier zog man aus, um dem kapitalistischen System den Rücken zu kehren und eine neue – sozialistische – Gesellschaft zu bauen. Kaum war, dank der Marktwirtschaft, »Wohlstand für alle« erreicht, schon forderte man dazu auf, von diesem System Abschied zu nehmen. Dies übte u. a. einen nachhaltigen Einfluß insbesondere auf die Sozialpolitik aus: Der Wohlfahrtsstaat wurde beschleunigt ausgebaut. Zugleich war nicht zu übersehen: Die Menschen strebten nun, nachdem der Wohlstand verwirklicht war, immer mehr nach Sicherheit. Sie halfen so mit, die Sicherheit in jeder Beziehung in den Mittelpunkt der Politik zu rücken. Die Kehrseite war nicht zu übersehen: Die Mobilität, die Flexibilität und die Risikobereitschaft nahmen entsprechend ab. Die

Marktkräfte wurden zunehmend abgelehnt, dem Strukturwandel der Wirtschaft wurden – vorsorglich – schwere Hindernisse in den Weg gelegt. Der Wohlfahrtsstaat breitete sich nun beängstigend aus. Auf jede Übertreibung folgt in der Regel eine Gegenreaktion: Wohl zu Recht wies u. a. W. Engels in den 1970er Jahren daraufhin, nun gebe es eine Überversorgung mit Staatsleistungen. In diesem Zusammenhang wurde von »öffentlicher Verschwendung« und »öffentlichem Luxus« bei sparsamem Umgang mit Ressourcen in der Privatwirtschaft gesprochen. In dem Maße wie dies richtig ist, zwingt uns der Steuerstaat zu Einkommensverzichten, die er für eine Produktion von Gütern und Diensten einsetzt, die uns einen geringeren oder gar keinen Nutzen bringt. Er schränkt uns finanziell (auch) zu Gunsten seiner Verschwendung ein. Das ist ein massiver Vorwurf, den man nicht so im Raum stehen lassen darf: Es sind Beweise fällig! Sie werden im folgenden in den wichtigsten Bereichen der Staatstätigkeit erbracht:

1. Im Bildungswesen konstruierten insbesondere Soziologen in den fünfziger Jahren einen »Bildungsnotstand« und eine »Bildungskatastrophe«. Nun erblickten die Politiker in der Überwindung dieses Engpasses ein einträgliches wahlpolitisches Geschäft: Die Bildungswelle der 1960er Jahre kam nun ins Rollen. Sie gipfelte in der Überzeugung, für unsere Zukunft sei ein möglichst hoher Anteil der Bildungsausgaben am Volkseinkommen erforderlich: Jene Länder wurden für die fortschrittlichsten gehalten, welche die höchsten Abiturienten- und

Akademikerquoten aufwiesen. Welchen Ausbildungsstand der einzelne hatte, danach wurde nicht mehr gefragt: Die Bildung war auf dem Weg, ein Selbstzweck zu werden!
Damals wurden hochgesteckte, gesellschaftspolitische Ziele proklamiert. Egalisierung der Startchancen und letztlich eine grundlegende Veränderung der Einkommensverteilung. Mehr Bildung führe zu einem »mündigen Bürger und Wähler«, was die Demokratisierung aller Lebensbereiche ermögliche. Dadurch werde es mehr persönliche Freiheit, soziale Gerechtigkeit und keinen Zwang mehr geben. Die Demokratisierung der Wirtschaft sei nun fällig! Dahinter steckt die Vorstellung, das Bildungswesen dürfe nicht im Dienste einer kapitalistischen Wirtschaft stehen. Daher wurden Ausbildungswesen und Arbeitsmarkt systematisch entkoppelt. Es kamen nun jene Fächer zum Zuge, die sich weit ab vom Bedarf der Wirtschaft bewegen. Technik und Wirtschaft wurden verketzert, diese Ausbildung entsprechend vernachlässigt. Zugleich wurde ein »Recht auf Arbeit« gefordert, das jedem eine seiner Ausbildung entsprechende Beschäftigung garantiert. Nötigenfalls habe der Staat jene zu beschäftigen, die in der Privatwirtschaft nicht benötigt werden: Dieser absorbierte denn auch den Löwenanteil der Hochschulabsolventen, sie wanderten in das Bildungs- und Gesundheitswesen oder wurden anderswo im »öffentlichen Dienst« untergebracht.
Bereits in den siebziger Jahren zeichnete sich das ab, was heute für jedermann sichtbar geworden ist: Wir haben zuviele und am Bedarf der Wirtschaft vorbei

ausgebildete Akademiker! Zugleich gibt es eine »Facharbeiterlücke«! Der Wirtschaft fehlen jene hochqualifizierten Kräfte, auf die sie unverzichtbar angewiesen ist, um jene technologische Revolution zu vollziehen, die auf der Mikroelektronik beruht. Es gibt auf allen Stufen zahlreiche arbeitslose Lehrer, die Bildungswelle hat einen »Lehrerberg« erzeugt! Da der Ausbau des Bildungswesens wellenartig erfolgte, ist gegenwärtig und künftig einer ganzen Generation eine Beschäftigung im Bildungswesen verbaut: Jene, die hier in den 1960er Jahren unterkamen, werden erst in 15 bis 20 Jahren pensioniert! Und nicht zuletzt: Die Kapazitäten im Bildungswesen wurden für eine wachsende Zahl von Absolventen ausgelegt. Nun laufen die geburtenstarken Jahrgänge aus, sie lassen weitere Überkapazitäten entstehen. Sind im öffentlichen Dienst Entlassungen nicht möglich und können Überkapazitäten (an Gebäuden) nicht abgebaut werden, ist eine entsprechende Verschwendung vorgezeichnet: Die Steuerzahler müssen Einkommensverzichte zu Gunsten des »Lehrerbergs« und überdimensionierter Bauten des Bildungswesens leisten. In noch größere Dimensionen gehen jene Kosten, die von den wirtschaftlichen Fehlstrukturen stammen, die uns ein Bildungswesen beschert hat, das sich bewußt und systematisch am Bedarf der Wirtschaft vorbei orientiert hat. Dieser Schaden ist, ob man es will oder nicht, nie mehr gut zu machen! Jene Länder, die deswegen technologisch den Anschluß verpassen, werden abgehängt: Ihrer Bildungseuphorie der 1960er Jahre verdanken sie es, demnächst zweit- oder drittklassig geworden zu sein!

2. Dem Gesundheitswesen droht in absehbarer Zeit der finanzielle Zusammenbruch: Die Ausgaben wachsen seit Jahrzehnten progressiv zum Volkseinkommen. Die bisherigen Bemühungen um Kostendämpfungen haben nicht den erhofften und notwendigen Erfolg gebracht. Wir wissen schon länger, wie es zur Kostenexpansion kam, die Überversorgung im Gesundheitswesen zeichnete sich bereits Anfang der siebziger Jahre ab.
Die Gründe für die drohende Nicht-Bezahlbarkeit des Gesundheitswesens sind allgemein bekannt: Die negativen Folgen der Wohlstandsgesellschaft schlagen sich im Gesundheitswesen als »moderne Krankheiten« nieder: Alkohol, Nikotin, einseitige und übermäßige Ernährung, mangelnde physische Betätigung, Streß, verschlechterte Umweltbedingungen, Entwurzelungen und Zukunftsangst sind hier im Spiel. Es ist nicht auszumachen, ob und in welchem Ausmaße Krankheiten physisch oder psychisch bedingt sind. Verläßt man den »objektiven Bereich«, so gibt es für Krankheit kaum noch Grenzen. Immer mehr Menschen fliehen vor der für sie unerträglichen Wirklichkeit in kostspielige Krankheiten: Man hat es hier mit einem »Faß ohne Boden« zu tun.
Massive Subventionen an hoch-defizitären Krankenhäusern und an Krankenkassen sind mit mannigfaltigen Fehlentwicklungen verbunden. Was verbilligt wird, hat eine entsprechend höhere Nachfrage. Die Verlustabdeckung der Krankenhäuser nimmt dem – verpolitisierten – Management den Druck, zu rationalisieren und zu redimensionieren. Und schon

zuvor: Bei der Planung und dem Bau der Krankenhäuser wurde aufgrund von massiven Subventionen (anderer Körperschaften) mit großer Kelle angerichtet. Die Folgen sind Überkapazitäten, mit ihren extrem hohen Folgekosten. Sie sind das zentrale Kostenproblem des Gesundheitswesens.

Auch die Versicherungen sind an der Kostenexpansion beteiligt: Aus der Sicht des einzelnen ist es nur folgerichtig, aus den an Versicherungen bezahlten Beiträgen möglichst großen Nutzen zu ziehen. Je mehr Menschen so denken und handeln, desto sicherer ist es: Das Gesundheitswesen wird überfordert: Bis heute hat man auf Anreize verzichtet, die Inanspruchnahme von Leistungen des Gesundheitswesens weniger attraktiv zu machen! Die potentiellen und tatsächlichen Nutznießer des Gesundheitswesens haben sich an das System gewöhnt, sie betrachten ihre Vergünstigungen als ein wohlerworbenes Recht.

Im Gesundheitswesen ist der Steuerzahler dazu aufgerufen, u. a. Überkapazitäten in den Krankenhäusern, ihr wenig effizientes Management und den Überkonsum an Medizin zu finanzieren. Sie spüren auch die Folgen einer Personal- und Lohnpolitik, die sehr weitgehend verpolitisiert ist: Das verteuert entsprechend das Gesundheitswesen. Es ist abzusehen, daß der Staat auch künftig, entgegen marktwirtschaftlichen Grundsätzen, in das Gesundheitswesen eingreift: So werden die alten Probleme nur größer und die Kosten steigen noch mehr. Die Steuerzahler sind auf dem Wege (noch intensiver) für überflüssige und nutzlose Leistungen den Gürtel noch enger schnallen zu müssen.

3. Langsam aber sicher hat es jedermann begriffen: In der Landwirtschaft ging es über »zuviel Milch«, über den »Butter- und Käseberg«, die Überschüsse an Getreide, die Weinschwemme bis hin zu den »Fleischbergen«. Wir ersticken beinahe in Überschüssen, für die es keinen – physischen – Bedarf mehr gibt: Doch an der Landwirtschaftspolitik hat sich nichts geändert: Sie hat die Freiheit zu produzieren, was sie nur will; der Staat sorgt für Abnahme und Vermarktung – wenigstens – zu kostendeckenden Preisen. Die Produktion reizt er im Überfluß weiter mit produktionsabhängigen Subventionen an. Je mehr man erzeugt, desto mehr Subventionen gibt es. Wer möchte davon nicht profitieren? Um den Absatz auf hochgesättigten Märkten zu fördern, werden die Produkte immer wieder mit Verwertungssubventionen verbilligt. Ist die Ware weg, so kann wieder produziert werden. Um diesen Überfluß nicht zu hemmen, werden Lager angelegt. Sind sie bis zum bersten voll, so wird exportiert und es versteht sich von selbst: Zu Spottpreisen! Und zugleich wird ein rasch wachsender Teil der Produktion, da sie keine Nachfrage mehr hat, verfüttert. So ist gewährleistet, daß die Konsumenten damit nicht mehr belästigt werden. Die Tiere freuen sich über die Abwechslung ihrer Menüs! Es versteht sich von selbst: Zu Lasten des Steuerzahlers.
Die Landwirtschaftspolitik ist schlicht und einfach skandalös. Sie produziert Waren für die es keinen Bedarf gibt, Überschüsse und Lager überall und doch: Es geht weiter wie bisher. Die Kosten dieser gigantischen Verschwendung von Ressourcen müs-

sen Konsumenten und Steuerzahler übernehmen: Zum einen bezahlen sie überhöhte Preise, zum anderen kommen sie für die massiven Subventionen an die Landwirtschaft auf. Zugleich sind sie mehr oder weniger wehrlos der allmächtigen Agro-Business-Lobby ausgesetzt! Und schließlich: Es besteht auf absehbare Zeit hinaus überhaupt keine Aussicht, daß die Landwirtschaftspolitik irgendeine substanzielle – marktwirtschaftliche – Reform erfährt!

4. Im Laufe der letzten Jahrzehnte hat der Steuerstaat immer mehr Mittel in die Forschung gesteckt. Es wurde nach dem Argument gehandelt: In der Großtechnologie ist das Risiko für private Unternehmen zu groß, der Staat muß hier finanziell helfen. Sonst läuft man Gefahr, ins Hintertreffen zu geraten, doch das kann sich kein Industrieland leisten. Über Alternativen wurde kaum nachgedacht, der Staat zog es vor, sich als »Forschungswohltäter« zu betätigen.
Nun weiß man: Meist werden Subventionen für eine Forschung und Entwicklung mitgenommen, die man auch ohne Zuschüsse durchgeführt hätte. Doch vom Subventionsfluß profitieren nicht die Klein- und Mittelbetriebe, sondern die Großunternehmen: Sie haben eine institutionalisierte und nicht selten auch verbürokratisierte Forschung! Hierhin flossen die Subventionen sogar in Milliardenhöhe. Selbst jene genierten sich nicht, den Steuerstaat anzuzapfen, die ihre Forschung und Entwicklung ohne Staatshilfen hätten betreiben können. Doch sie zogen es vor, Liquidität anzuhäufen und diese hochverzinst am

Euromarkt anzulegen: Sie entwickelten sich dann zu bankähnlichen Institutionen!
Die Bilanz der staatlichen Forschungsförderung kann sich nicht sehen lassen. Man hält vergeblich nach jenen neuen Produkten und Verfahren Ausschau, die auf der Mikroelektronik basierend, für die industrielle und gesamtwirtschaftliche Zukunft entscheidend sind. Man gewinnt den Eindruck, auch hier liege ein »Faß ohne Boden« vor: Für Forschung, die der Staat bezahlt, gibt es – ebenfalls – einen nicht zu deckenden Bedarf. Und noch eine Zusatzinformation: Die Steuern, die in die Forschung und Entwicklung der Groß- und Mammutunternehmen flossen, wurden stark überproportional mit Steuern der kleinen und mittleren Unternehmen finanziert.

5. Es ist eine alte Erfahrung: Am Ende eines langfristigen Aufschwungs der Wirtschaft bewegen sich traditionelle Branchen in gesättigten Märkten, sie sind überdimensional. So war es auch Anfang der siebziger Jahre! Doch der Steuerstaat erkannte die Zeichen der Zeit nicht: Er ließ die nicht mehr konkurrenzfähigen Unternehmen und Branchen nicht im Stich: Als sich massive Defizite einstellten, deckte er diese mit Subventionen ab. Der wachstumsbedingte – und erforderliche – Strukturwandel mußte, dank dem Subventionsstaat, nicht vollzogen werden. Das Ergebnis ist bekannt: Die subventionierten Branchen mußten die erforderlichen Konsequenzen nicht ziehen, sie fristen noch heute ihr Subventionsdasein, allerdings: Konkurrenzfähig sind sie nicht geworden. Wir wissen nicht erst heute, wohin Protektionismus

und Subventionen führen. Der Staat buttert – ohne Auflagen – in Milliardenhöhe Steuergelder in Unternehmen und Branchen, die keine Zukunft haben. Er zementiert so überholte Strukturen. Während die einen in die High-Technology investieren, halten andere an der Technologie der 1880er Jahre fest. Sie glauben wirklich, die Mechanik sei auch im elektronischen Zeitalter Trumpf. Sie haben nicht begriffen, daß der technologische Fortschritt an ihnen vorbeigeht. Für eine Produktion, die nur wenig qualifizierte Arbeitskräfte benötigt, sind nicht die alten Industrieländer, sondern die aufstrebenden Entwicklungsländer der richtige Standort. Wer veraltete Industrien mit Subventionen zu erhalten versucht, der verschwendet Steuergelder zu Gunsten einer Vergangenheit, die keine Zukunft mehr hat.

6. Nichts ist populärer als Tarife öffentlicher Unternehmen zu verbilligen und Verluste mit Subventionen abzudecken. Ob es sich hier um Bahnen, den lokalen und regionalen (Bus-)Verkehr bis hin zum Verbrauch an Wasser und Energie handelt: Der Steuerstaat tritt in vielfältiger Art und Weise als Wohltäter auf. Nicht selten unterscheidet er zwischen Jungen und Alten, zwischen Erwerbstätigen und Rentnern und verästelt seinen Subventionssegen in feinster Art und Weise. Damit erreicht er, daß möglichst viele sich ihm verpflichtet fühlen, doch: Die Zechen bezahlen die Steuerzahler und hier sind im wesentlichen jene dran, die von den Subventionen profitieren. Deshalb wäre es ehrlicher diesen Umweg zu sparen. Er schadet nämlich der Wirtschaftlichkeit

öffentlicher Betriebe und kommt dem Nutznießer und Steuerzahler entsprechend teuer zu stehen. Jene, welche die Subventionen verteilen, sind nicht jene, die sie finanzieren müssen. Das ist der wahre Grund, wieso das Subventionsspiel fortgesetzt wird.

7. Reichen die Steuereinnahmen nicht aus, um die Staatsausgaben beizubehalten oder expandieren zu lassen, so hat der Staat keine Hemmungen. Er verschuldet sich, wie denn sonst, im öffentlichen Interesse. Dabei greift er auf Einkommen »vor«, die es noch gar nicht gibt. Erst künftige Generationen sind dran. Sie müssen Zinsen und Tilgungen mit Steuern finanzieren. Doch ob sie einen Nutzen aus den gegenwärtigen Ausgaben haben, ist mehr als fraglich: Es ist nämlich entscheidend, was der Staat heute und künftig mit unserem Gelde macht. Gibt er es für Konsum aus, oder finanziert er zukunftsgerechte Investitionen?

8. Seit Anfang der 1970er Jahre ist ein unerfreulicher Trend im Strukturwandel der Staatsausgaben zu beklagen. Die Konsumausgaben nehmen anteilsmäßig zu, die öffentlichen Investitionen bilden sich entsprechend zurück. Anders ausgedrückt: Der Staat tut (relativ) immer weniger für die Infrastruktur. Eine Infrastruktur, die sich an der privatwirtschaftlichen Entwicklung orientiert, ist aber unverzichtbare Vorbedingung wirtschaftlichen Wachstums. Auf Dauer geht es in der Wirtschaft nur dann aufwärts, wenn die erforderliche Infrastruktur bereitgestellt wird.
Die Ausgaben für die Infrastruktur wurden das Opfer

der Wohlfahrtspolitik. Als es zu finanziellen Engpässen in den Staatshaushalten kam, hielt man nach Sparmöglichkeiten Ausschau: Man erkannte gleich: Investitionsprojekte können – zeitlich – verschoben werden. Hier gibt es jene Flexibilität, die dem Steuerstaat so willkommen ist, um den Rotstift nicht bei seinen beliebten Konsumausgaben ansetzen zu müssen. Werden nämlich Subventionen und Sozialleistungen oder gar Löhne und Gehälter im öffentlichen Dienst gekürzt, so meldet die mächtige Lobby ihren Widerstand an. Im Falle der Investitionen ist es bestenfalls die Bauwirtschaft, deren politischer Einfluß ungleich geringer ist!

9. Und nun das, was am wenigsten registriert wurde: Der Anteil der Militärausgaben an den Gesamtausgaben des Staates ist seit Jahrzehnten rückläufig. Auch die äußere Sicherheit wurde das Opfer der raschen Expansion des Wohlfahrtsstaates. Es ist eine alte Erfahrung, die man gerne übersieht: Je mehr die Steuerzahler in die Finanzierung der Sozial- und Umverteilungspolitik eingespannt werden, desto weniger bleibt für die äußere Sicherheit übrig. Diese erste Staatsaufgabe erscheint im Wohlfahrtsstaat an letzter Stelle. Hier wird übersehen: In dem Maße wie ein Land sich nicht (mehr) selbst verteidigen kann, sind auch seine Sozialleistungen – und nicht nur diese – existenziell gefährdet. Der Verlust der nationalen Selbständigkeit ist zugleich das Ende einer jeden sozialen Sicherheit. Doch derartige Zusammenhänge vermögen die Nutznießer des Wohlfahrtsstaates nicht zu erkennen. Doch darüber ist der Steu-

erstaat nicht unglücklich. So bleibt ihm der Abbau von überflüssigen Leistungen erspart, um wenigstens jene Mindestschwelle zu erreichen, ab der ein Land sich – konventionell – verteidigen kann.

10. Die Zahl der im öffentlichen Dienst Beschäftigten nimmt laufend zu. Diese Expansion vollzieht sich nach einem altbekannten Schema. Zum einen baut der Staat die herkömmlichen Bereiche aus, zum anderen übernimmt er immer wieder neue Aufgaben, ohne sich von jenen Funktionen zu trennen oder sie wenigstens abzubauen, die er nicht mehr wahrnehmen müßte. In guten Zeiten verfügt er über so reichliche Finanzmittel, daß er weitgehend unabhängig vom tatsächlichen Bedarf (im größten Umfang) Neu-Einstellungen vornimmt. Wer zum Staat geht, der bleibt dort bekanntlich lebenslänglich: Ein Personalabbau entsprechend dem Strukturwandel in den öffentlichen Aufgaben erfolgt kaum! Nicht zuletzt ist auch das Parkinson'sche Gesetz zu erwähnen: Die öffentliche Verwaltung beschäftigt und befördert sich selbst, sie kann ihrem Wesen nach nur expandieren. Schließlich gibt es Staaten, die in schlechten Zeiten sich der Illusion hingeben, sie könnten die Arbeitslosigkeit überwinden, indem sie die Zahl der im öffentlichen Dienst Beschäftigten vermehren.
Den Steuerzahler interessiert hier, in welchem Umfang der öffentliche Dienst redimensioniert werden könnte, ohne Einbußen an benötigten Leistungen in Kauf nehmen zu müssen. In dem Maße wie dies möglich ist, zahlt er nämlich für nicht erbrachte oder nicht erwünschte Leistungen: Er leistet Ein-

kommensverzichte, ohne einen Nutzen zu haben. Grundsätzlich ist es bekannt: Im Erziehungs- und Gesundheitswesen gibt es zu viel Personal, ein Abbau blieb bisher aus. Personell überbesetzt sind auch die meisten öffentlichen Betriebe. Sie werden nicht wirtschaftlich geführt, sondern verwaltet. Hier und anderswo im Staat sind Entlassungen – da verpolitisiert – kaum oder gar nicht möglich. Zuviel Bürokratie ist das herausragende Übel unserer Zeit. Hier könnte in großem Stil dereguliert und entbürokratisiert werden. Um solche Maßnahmen wird man je länger je weniger herumkommen, soll der Handlungsspielraum der Wirtschaft nicht so eng werden, daß sie sich nicht mehr zu erneuern vermag. Sie altert dann weiter und geht ihrem Niedergang entgegen.

Einen unnötigen Personalbedarf verursacht die schematische und hierarchische Struktur des öffentlichen Dienstes. Die Zuteilung von Personal erfolgt nach Funktionen, die man jeweils gleichmäßig ausstattet. Dies wohl verstanden unabhängig von den Leistungen, die im einzelnen erbracht werden. Grob gesprochen wird für »Anwesenheit« nicht für Leistung entlohnt. Selbstverständlich wird auch im öffentlichen Dienst gearbeitet, jedoch extrem unterschiedlich: Zwischen dem Dienst nach Vorschrift und einem vollen Einsatz, wie er in der Privatwirtschaft üblich und unvermeidlich ist, gibt es eine große Spannweite. Sie macht entsprechend Personal notwendig oder überflüssig. Die Lockerung oder – besser – Abschaffung der hierarchischen Strukturen und die Einführung einer leistungsorientierten Ent-

lohnung würde darüber aufklären, um wieviel der Personalbestand zu hoch ist.
Auch daran hat sich nichts Entscheidendes geändert. Im öffentlichen Dienst wird immer besser bezahlt. Obwohl die öffentlichen Arbeitgeber seit langem defizitär sind, kam es bisher nicht zu einem solidarischen Akt seiner Beschäftigten, anders ausgedrückt: Lohnverzichte zur Sanierung der Staatsfinanzen sind offenbar nur im Extremfall, wenn dem Staat die Zahlungsunfähigkeit droht, möglich. Der Steuerzahler muß also weiter für Leistungen, die er nicht selten immer weniger oder gar nicht braucht, an die Staatskasse zahlen. In jenen Ländern, in denen die Arbeitnehmer des öffentlichen Dienstes und insbesondere die Beamten in die Parlamente Einsitz nehmen dürfen, sind die Verhältnisse besonders stoßend. Sie befinden zusammen mit (anderen) Funktionären von Wirtschaftsverbänden über die eigenen Löhne und Gehälter!
Es bestreitet niemand ernsthaft, daß der Staat Leistungen erbringt, die notwendig, erwünscht und von großem Nutzen sind, doch: Darüber hinaus kommt es im Rahmen der wohlfahrtsstaatlichen Orientierung zu zahlreichen und massiven Fehlleistungen, die dem Steuerzahler wenig oder gar keinen Nutzen stiften. Im Bildungswesen aller Stufen gibt es nicht nur zuviel Personal, sondern auch eine Ausbildung am Bedarf der Wirtschaft vorbei. Das Gesundheitswesen zeichnet sich durch einen hohen »Bettenberg« aus, es läuft auf die Unbezahlbarkeit zu. In der Landwirtschaftspolitik haben marktwidrige Subventionen »Milchschwemme«, »Butter- und Käseberge«, »Wein-

schwemme« und »Fleischberge« erzeugt. Wir erstikken in Nahrungsmitteln, die teilweise zu keinem Preis mehr abzusetzen sind.
Zur Förderung der Forschung werden Milliarden an Großunternehmen »verschenkt«, ohne daß die Forschungsziele erreicht werden: Hier werden jene subventioniert, die ihre Forschung (am ehesten) selbst bezahlen könnten. Um Entlassungen und Strukturwandel abzuwenden, zahlt der Staat im großen Stil Subventionen an Unternehmen und Branchen, die keine Aussicht haben, je wieder konkurrenzfähig zu werden.
Die Tarife öffentlicher Betriebe verbilligt er massiv zu Gunsten auch jener, die darauf in keiner Weise angewiesen sind. Damit erzeugt er zugleich Defizite. Reichen die Steuereinnahmen nicht aus, um seine populäre Verbilligungspolitik fortzusetzen, so verschuldet sich der Staat ohne Zögern, solange er nur kann. Diese Zeche zahlen künftige Generationen.
Sieht der Staat keinen anderen Ausweg als zu sparen, so setzt er den Rotstift bei den Investitionen der Infrastruktur und den Militärausgaben an: Er verschlechtert so die Vorbedingungen wirtschaftlichen Wachstums und liefert seine Einwohner wachsenden äußeren Gefahren aus. Und schließlich: Der öffentliche Dienst expandiert personell weiter, seine Entlohnung wird regelmäßig besser. Es gibt kaum einen Zweifel: Der Staat wird in seiner Tätigkeit stets Lükken entdecken, die er zu schließen bestrebt ist. Da er Überversorgungen nicht abbaut, kann er eben nur expandieren.
Diese Bilanz des Steuerstaates ist nicht erfreulich.

Fragt man nach den Ursachen, so gibt es eine herausragende ordnungspolitische Antwort: Je mehr der Staat gegen die Marktkräfte interveniert, desto unvermeidlicher treten negative Auswirkungen auf. Diese veranlassen ihn, erneut einzugreifen. Je länger sich dieses marktwidrige Spiel fortsetzt, desto wahrscheinlicher wird es: Der Staat braucht den Großteil seiner Steuergelder, um Erscheinungen zu bekämpfen, die er selbst geschaffen hat. In der Regel weiß er nämlich – ordnungspolitisch – nicht, was er tut, wenn er zu Gunsten zahlreicher Zwecke und Sonderinteressen tätig wird. Solange dies so bleibt, kann es nur noch mehr unnötige, überflüssige und nutzlose Ausgaben geben. Überfällig ist eine fundamentale Reform des Steuerstaates: Dazu kann es nur kommen, wenn der Staat seine Schwächen und Fehler einzusehen und sich zu einer verbesserten Ausgabenmoral durchzuringen vermag.

Wie steht es um die Ausgabenmoral des Staates?

Je nachdem wie der Staat mit den Steuergeldern umgeht, gibt er seinen Bürgern und Steuerzahlern ein gutes oder ein schlechtes Beispiel. Das bleibt nicht ohne Einfluß auf die Steuermoral. Diese liegt jenen Entscheiden zugrunde, die der Steuerzahler fällt, wenn er sich mit den öffentlichen Abgaben konfrontiert sieht. Soll er ihnen nur ausweichen oder sogar hinterziehen? Hier ist die Steuerehrlichkeit im Spiel! Doch wer sich vom Staat abwendet, der steigt nicht selten auch als Steuerzahler aus. Je mehr Menschen aber den Staat – innerlich – verlassen, desto mehr wird er geschwächt: Letztlich lebt er vom Vertrauen seiner Bürger. Er muß daher ein vitales Interesse daran haben, mit den Steuergeldern im engsten Sinne des Wortes sparsam umzugehen. Der Steuerzahler erwartet eine ausgezeichnete Ausgabenmoral des Staates. Doch in Wirklichkeit gibt es daran vieles auszusetzen.

Es gibt eine alte Erfahrung, sie gilt als Eigenschaft eines guten Finanzministers: Hat der Staat die Absicht, (Groß-)Projekte zu verwirklichen, stößt dabei aber auf Widerstand oder Ablehnung, so

schlägt er oft folgenden Weg ein. Er überzeichnet die Vorteile seines Vorhabens und schweigt sich über die Kosten möglichst aus. Im Klartext: Er verschleiert die Kosten bewußt und gekonnt, um so sein Ziel zu erreichen. Die Rechtfertigung dafür ist einer Demokratie unwürdig. Der Bürger sei nicht fähig, den Nutzen für die Gemeinschaft zu erkennen, er müsse daher überspielt werden. Ist ein positiver Entscheid gefallen und das Projekt angelaufen, so ist es durch nichts mehr zu bremsen. Kommen die wahren Kosten zum Vorschein und setzt die Kritik entsprechend ein, so wird argumentiert: Wir haben bereits soviel investiert, daß es nicht mehr zu verantworten ist, Konsequenzen zu ziehen und auf das Vorhaben zu verzichten. Das Geschäft nimmt nun seinen Lauf, oft bis zu einem bitteren Ende. Völlig übersetzte Kosten für ein Projekt mit fraglichem Nutzen!
Massive Kostenüberschreitungen staatlicher Infrastrukturprojekte sind eher die Regel als die Ausnahme: Das Mehrfache der ursprünglich veranschlagten Baukosten ist an der Tagesordnung. Das merkt der Steuerzahler und fragt sich zu Recht, was geschähe, würde er derart mit seinem Geld umgehen. In der Privatwirtschaft sind solche Fehlentwicklungen ohnehin nicht zu verkraften. Die so erstellten Anlagen könnten nicht ertragsbringend betrieben werden. Entsprechende Abschreibungen oder Konkurse würden nicht ausbleiben. Doch beim Staat ist das eben anders: Er muß solange keine Konsequenzen ziehen, als er die Steuerzahler dazu zwingen kann, sein großzügiges Finanzgebaren zu finanzieren. Dies wohlverstanden auch für die Folgekosten,

die einen bedeutenden Prozentsatz der Investitionsausgaben betragen und entsprechend der Lebensdauer der Anlagen jahrzehntelang anfallen.
Öffentliche Bauten arten ab und zu auch in Denkmäler für Politiker aus, so besonders auf kommunaler Ebene: Hier verbinden sich bestimmte Bauten mit dem Namen ihrer »Schöpfer« in unvergeßlicher Art und Weise. Im einen Fall erscheinen sie als Wohltäter und gehen so in die Geschichte ein. Im anderen Fall werden sie, wenn die Verhältnisse untragbar geworden sind, auf Staatskosten »wegbefördert«. Auch hier ist der Steuerzahler der Geprellte, zum Verändern ist es zu spät. Das Spiel kann hier und anderswo von neuem beginnen.
Ein herausragender Indikator der schlechten Ausgabenmoral des Staates ist – zumindest in der Marktwirtschaft – die Höhe und die Zusammensetzung der Subventionen. Sie werden schwergewichtig nicht für gemeinwirtschaftliche Leistungen, sondern eben für Nicht-Leistungen gewährt. In diesem Ausmaß dienen sie lediglich der Erhaltung und Verbesserung der Einkommenslage ihrer Empfänger. Doch diese kümmern sich kaum um Auflagen des Staates, sie betrachten ihre Vergünstigungen als wohlerworbenes Recht und damit als eine Selbstverständlichkeit. Der Staat ist für sie – in dieser Beziehung – ein Selbstbedienungsladen. Jene, welche diese Geschenkwirtschaft zwar durchschauen, sie aber finanzieren müssen, können nur einen schlechten Eindruck von der Ausgabenmoral des Staates haben: Der Subventionsstaat ist ein wohlfahrtsstaatliches Übel!
Über die Subventionen hinaus tritt der Steuerstaat

insbesondere und in großem Stil mit Einkommenstransfers an die Empfänger von Sozialleistungen in Erscheinung. Er verbilligt diese in massiver Art und Weise und wird entsprechend als Wohltäter angesehen: Davon profitieren längstens nicht mehr nur jene, die wirklich darauf angewiesen sind. Der Wohlfahrtsstaat erreicht inzwischen jedermann, wenn auch in unterschiedlichem Ausmaße. Darunter leidet aber die Selbstverantwortung des Menschen. Er setzt immer mehr und schließlich ganz auf den Staat. Von ihm erwartet er die Lösung seiner – finanziellen – Probleme. Dazu ist der Staat offenbar bereit, er gefällt sich in dieser Rolle. Denn je mehr Menschen er zu verpflichten und von ihm abhängig zu machen versteht, desto größer ist seine Macht. Er kann die Steuerzahler so noch mehr in seine Finanzierung einbinden.

Subventionen an Unternehmen, Verbilligungsaktionen für Konsumgüter und Sozialleistungen korrumpieren letztlich ihre Nutznießer. Um sich noch beliebter zu machen, hat der Staat den Zugang zu seinen Leistungen systematisch und anhaltend erleichtert. Die Folgen sind eklatante Mißbräuche! Sie wurden langsam aber sicher entdeckt; die Ausgabenmoral des Staates erscheint entsprechend im Zwielicht. Wer hier nicht profitiert, kann sich des Eindruckes nicht erwehren, der Wohlfahrtsstaat sei zu einem Selbstbedienungsladen für jene degeneriert, die nicht mehr bereit sind, für sich selbst zu sorgen. Das überlassen sie anderen. Doch die Betroffenen sind überzeugt, vom Staat ausgebeutet zu werden.

Auf die Frage nach den Ursachen der Ausgabenmoral, gibt es eine altbekannte Antwort: Die Politiker haben stets ihre Wiederwahl im Auge. Das ist zwar verständlich, die Kosten dafür trägt jedoch der Steuerzahler. Und schließlich war es schon immer so: Wer mit fremdem Geld umgeht, ohne es je zurückzahlen zu müssen, ist entsprechend großzügig. Sind die Staatskassen auch noch prall gefüllt, so gibt es für diese Wohltäter kaum Grenzen. Geraten sie aber in Finanzierungsengpässe, so weichen sie in die Verschuldung aus, um ihr Image so zu erhalten.

Es ist nicht zu übersehen: Der Staat bezahlt seine Diener nicht schlecht. Das ist richtig, solange er dies für tatsächliche Leistungen tut und über entsprechende Steuergelder verfügt. Müssen aber Arbeitnehmer und Unternehmer in schlechten Zeiten den Gürtel enger schnallen, so erwarten sie, daß der Staat mit dem guten Beispiel vorangeht. Einkommensverzichte im öffentlichen Dienst sind dann fällig und selbstverständlich. Doch dazu ist es kaum gekommen, eher das Gegenteil ist der Fall. Die Löhne und Gehälter nehmen im öffentlichen Dienst nicht nur entsprechend der Geldentwertung, sondern nicht selten auch darüber hinaus zu. Das haben Steuerzahler zu übernehmen, die selbst nicht in den Genuß von Einkommensverbesserungen gelangen oder sogar mit weniger auskommen müssen. Dafür vermögen sie kaum Verständnis aufzubringen: Der Steuerstaat verliert bei ihnen an Ansehen.

Wie das Finanzgebaren des Staates auch immer sein mag: Er hat aus seiner Sicht stets sparsam und im öffentlichen Interesse gehandelt. Fehlleistungen vermag er weder einzusehen noch zuzugeben. Solange dieses Selbstverständnis sich nicht ändert, gibt es kaum Hoffnung auf eine bessere Ausgabenmoral des Staates und seiner Institutionen. Doch der Steuerzahler ist je länger, je weniger bereit, sich damit abzufinden!

Die Steuermoral läßt nach!

Die Steuerzahler leisten dem Steuerstaat gegenüber in mannigfaltiger Art und Weise Widerstand: So versuchen sie die ihnen auferlegten Steuern auf andere zu überwälzen. Je mehr sie sich dabei entlasten können, desto geringer ist der Steuerwiderstand. Sie weichen den Steuern auch – legal – aus. Man ist bestrebt, jene Tatbestände einzuschränken, die Steuern auslösen. Die einen arbeiten weniger, die anderen wechseln den Wohnsitz und nicht zuletzt: Flexible Steuerzahler weichen ins Ausland und in dortige Steueroasen aus. Und auch das gibt es: Steuern werden hinterzogen!

Der Steuerwiderstand ist entscheidend von der Steuermoral geprägt. Je schlechter sie ist, desto mehr wird illegal Widerstand geleistet. Doch nichts kommt von ungefähr: Maßgebend für die Steuermoral ist die Steuermentalität. Sie ist je nach Kultur, Tradition und persönlicher Einstellung der Steuerpflichtigen sehr unterschiedlich. So ist erwiesen, daß die lateinischen Völker eine andere Beziehung zum Steuerstaat haben als die deutschsprachigen, die skandinavischen oder die angelsächsischen Länder. Die Steuermentalität selbst ist von einer Reihe von Faktoren abhängig, deren Gewicht eben je nach Land stark variiert.

1. Die Loyalität des einzelnen gegenüber dem Staat kann mehr oder weniger weit gehen: Für die einen ist der Staat ein notwendiges Übel, für die anderen ist er sozusagen das »höchste Gut« in einer jeden Gesellschaft. Wer vom Staat wenig bis nichts hält, der ist kaum ein guter Steuerzahler: Er ist bestrebt, den Steuern überall und jederzeit aus dem Wege zu gehen und aktiven Widerstand zu leisten. Hier gilt es zwischen jenen zu unterscheiden, die überhaupt keine Steuern bezahlen wollen und jenen, die aus verschiedenen Gründen wenigstens zu einem Mindestopfer bereit sind. Letztere lassen sich wohl von der Überzeugung leiten, der Staat habe für sie einen Nutzen, indem er sich u. a. für die innere und äußere Sicherheit einsetzt.
Nun ist danach zu fragen, ob jene, die dem Staat gegenüber wohlgesinnt sind, auch zu entsprechenden Steuerzahlungen bereit sind? Grundsätzlich ist dies wohl der Fall, aber: Ihre Steuermentalität ist ebenfalls für den Steuerwiderstand anfällig. Er nimmt zu, wenn der Staat nicht mehr die Erwartungen dieser Bürger erfüllt. Hier sind seine Ausgabenmoral und die Leistungen, die jemand vom Staat zu erwarten hat, im Spiel. Und schließlich: Dem Steuerstaat bleibt man solange treu, als man zu seinen bevorzugten Empfängern und Nutznießern gehört. Doch hier darf man nicht unbedingt ausschließen: Je mehr man empfängt, desto eher könnte man bestrebt sein, weniger Steuern zu zahlen. Wer so denkt und han-

delt, maximiert nur den Überschuß der empfangenen Leistungen über die bezahlten Abgaben. Ökonomisch gesehen verhalten sich solche Staatsbürger nur folgerichtig: Sie erzielen dabei den größtmöglichen Netto-Nutzen.

Von da ist es kein großer Schritt zu den Schwarzfahrern des Leistungs- und Steuerstaates. Diese Free-Rider sind darauf aus, möglichst viel zu erhalten, ohne überhaupt etwas zu bezahlen. Schwarzfahrer werden wohl selten geboren, sie werden es aufgrund jener Möglichkeiten, die ihnen der Wohlfahrtsstaat eröffnet. In wachsender Zahl treten sie in der nichtregistrierten, inoffiziellen, versteckten oder anders ausgedrückt, in der Schattenwirtschaft, auf. Setzt sich dieser Trend fort, so gerät der Steuerstaat zunehmend unter Druck: Er muß immer mehr ausgeben, die Einnahmen bleiben aber hinter diesem Bedarf zurück. Die Steuermoral läßt bedrohlich nach! Dies ist für einen Wohlfahrtsstaat typisch, der in einer extremen Ausprägung zu einem Selbstbedienungsladen zum Nulltarif geworden ist. Immer mehr Steuerzahler erkennen, daß sich hier eine organisierte Verantwortungslosigkeit eingenistet hat, die sie – ohne eigenen Nutzen – finanzieren müssen.

2. Ausschlaggebend für die Steuermoral ist in der Regel ein ausgewogenes Verhältnis zwischen empfangenen Staatsleistungen und bezahlten Steuerbeträgen. Wer überzeugt ist, einen Gegenwert aus seinen Einkommensverzichten gegenüber dem Steuerstaat zu haben, der ist – zu Recht – ein loyaler und zuverlässiger Steuerzahler. Je mehr der Staat aber im

Rahmen der Umverteilung von Einkommen bestrebt ist, diese Relation zu verschieben und möglichst schief zu gestalten, desto mehr gewinnen die Benachteiligten die Überzeugung, sie würden vom Steuerstaat ausgenommen: Das kann nicht ohne Folgen für die Steuermoral bleiben. Die völlige Entkoppelung von Steuerzahlungen und empfangenen Staatsleistungen im Rahmen des Leistungsfähigkeitsprinzips der Besteuerung ist eine Gefahr für die Steuermoral. Diese könnte durch einen Systemwechsel zu »Leistungen und Gegenleistungen« oder zum Äquivalenzprinzip gebannt werden.

Nun ist zu berücksichtigen: Die Steuerbelastung wird von den Steuerzahlern meist überschätzt. Zahlreiche Bürger wissen nicht, welche Steuern sie in welchem Umfang bezahlen. Zugleich unterschätzen sie die Staatsleistungen. Das Ergebnis ist: Ein noch so ausgewogenes Verhältnis zwischen (individuellen) Steuerzahlungen und Staatsleistungen wird im Normalfall als solches nicht erkannt. Man ist überzeugt, mehr zu geben als zu nehmen. Daraus erwächst das Gefühl und die Überzeugung, zu stark in die Finanzierung des Staates eingespannt zu werden. Das ist für die Steuermoral nicht förderlich. Es versteht sich aber von selbst: Je besser es dem Staat gelingt, seine Bürger über die individuellen und gruppenmäßigen Leistungen und Belastungen zu informieren, desto besser ist die Steuermoral. Allerdings die Relation zwischen »Geben und Nehmen« muß als fair empfunden werden.

3. Der Staat appelliert immer wieder, wenn er Geld braucht, an die Opferbereitschaft seiner Bürger. Er ist bestrebt, die »soziale Verantwortung« zu stärken und die Zahlungsbereitschaft entsprechend zu lokkern. Doch von Natur aus ist der Mensch nicht altruistisch, sondern egoistisch: Er sucht sein Heil, nicht jenes der anderen. Je besser es ihm materiell geht, desto eher kann er für berechtigte Belange der anderen aufkommen. Er ist zu Opfern bereit. Entscheidend ist hier aber: Es kommt darauf an, wieweit das soziale Engagement des (Sozial-)Staates geht. Greift er nur jenen unter die Arme, die ihn brauchen, so wird sich kaum jemand vor Zahlungen drücken: Sie erscheinen notwendig und berechtigt. Doch darüber hinaus nimmt die Zahlungsbereitschaft zu Gunsten von anderen rasch ab, die Steuermoral läßt nach.
Zu Verzichten ist der Steuerzahler auch in Krisen und Kriegen bereit: Hier geht es um Hilfe an notleidende Menschen, die Ankurbelung der Wirtschaft und das Überleben des Landes in Freiheit und Unabhängigkeit. Hier begreift sozusagen der Letzte, um was es geht: Er ist daher zu Opfern bereit. Das hat der Steuerstaat auch stets ausgenützt. In Kriegszeiten erschien ihm die Gelegenheit besonders günstig, alte Steuern massiv zu verschärfen und neue einzuführen. Den Steuerwiderstand hat er in der Regel per Dekret und unter Umgehung selbst des Parlamentes gebrochen. Und schließlich: Dem Parlament blieb nichts anderes übrig, als Steuererhöhungen rasch zuzustimmen, wenn es dazu befragt wurde. Der sprunghafte Anstieg der Staatsausgaben erforderte unter allen Umständen mehr Steuern.

Der Steuerwiderstand ist umso größer, je weniger eine Gesellschaft durch Krisen und Kriege bedroht wird und: Je höher die individuelle Steuerbelastung bereits ist. Das ist typisch für die wohlfahrtsstaatliche Entwicklung der Nachkriegszeit, die, an die Grenzen der Besteuerung angelangt, sie nach oben durchstoßen hat. Darunter hat die Steuermoral entsprechend gelitten. Sie ist inzwischen auf einem – historischen – Tiefpunkt angelangt. Das ist repräsentativer Ausdruck dafür, daß eine wachsende Zahl von Bürgern sich mit dem Staat immer weniger identifiziert. Sie steigen aus!
In den vergangenen Jahrzehnten haben die Moralvorstellungen einen tiefgreifenden Wandel erfahren. Zu Recht kam es – aus freiheitlicher Sicht – zu einer Liberalisierung sozusagen in allen Lebensbereichen, doch: Dem entspricht keine Übernahme von Verantwortung für das eigene Tun und Lassen. Von der Freiheit wurde zunehmend zu Lasten anderer Gebrauch gemacht. Das kann nur zu Mißbräuchen führen, die Moral ist entsprechend unter Druck geraten. Davon blieb die Steuermoral nicht unberührt. Wieso soll man sich dem Staat gegenüber verantwortlich fühlen, wenn man das auch sonst nicht tut? Es kommt hinzu: Der Staat ist eine anonyme Institution, die einem nicht persönlich begegnet, solange man mit seiner Bürokratie nicht in Berührung kommt. Es sind hier keine Gefühle, mit ihren Vor- und Nachteilen, im Spiel. Man hat den Eindruck, es sei nicht nötig, sich um den Staat zu kümmern. Die Steuermoral ist entsprechend niedrig.
Im Zuge der Expanison des Wohlfahrtsstaates

konnte der Bürger aber immer weniger vermeiden, mit dem Staat und seinen Institutionen konfrontiert zu werden. Je intensiver jemand wirtschaftlich tätig oder auf Hilfe angewiesen ist, desto unvermeidlicher wird es: Er hat es mit einem eng gespannten Netz staatlicher Verordnungen und Gesetze zu tun. Die einen fühlen sich eingeengt, die andern abhängig und nicht wenige auch bevormundet. Für sie ist der Staat eine Institution, die ihren persönlichen, finanziellen und wirtschaftlichen Handlungsspielraum unnötig einengt. Sie gehen daher langsam aber sicher auf Distanz zu diesem bürokratischen Staat. Ihre Zahlungsbereitschaft läßt nach.

Auch die Steuermoral kann zu Recht gebogen werden. Ihre subjektive Dimension kann in schroffem Gegensatz zu jener Zahlungsmoral stehen, die der Steuerstaat von uns – demokratisch legitimiert – verlangt. Bröckelt das Ansehen des Staates, aus welchen Gründen auch immer, allmählich ab, so werden die Steuern immer weniger und schließlich überhaupt nicht mehr als gerecht empfunden. Doch darauf wird auf Dauer nach den eigenen, subjektiven Maßstäben reagiert. Kommt der Steuerzahler sich ungerecht behandelt vor, so überlegt er sich, wie er darauf antworten könnte und sollte. Hier beginnt der Niedergang der Steuermoral beim einzelnen! Doch wer ein »schlechtes Beispiel« gibt, steckt die anderen an: Die Staatsverdrossenheit breitet sich entsprechend aus. Von da ist es nur noch ein kleiner Schritt zur Behauptung oder Überzeugung: Der Steuerstaat zwinge uns zu Einkommensverzichten, die in hohem Maße verwerflich seien. Erscheint die Ausgabenmoral in einem derartigen Licht und wird dies durch zahlreiche Mißbräuche untermauert, so ist es um die gute Steuermoral geschehen! Doch daran ist der Steuerstaat selbst maßgeblich schuld.

Die Informierten beuten das Steuersystem aus

Je besser jemand informiert ist, desto mehr kann er von Sozialleistungen profitieren und die Bezahlung von Steuern vermeiden. Er maximiert den Überschuß der empfangenen Staatsleistungen über die bezahlten Abgaben. Informiert sind jene, die eine entsprechende Ausbildung erhalten haben und sich stets weiterbilden. Erfahrungsgemäß kommen sie aus den mittleren und oberen Einkommensschichten oder stoßen als Aufsteiger dazu. Sie verfügen über einen Informationsvorsprung gegenüber den breiten, unteren Einkommensschichten. Es versteht sich von selbst: Das beeinflußt die Einkommensverteilung unter Berücksichtigung von Steuern und Staatsausgaben. Sie wird nicht gleich-, sondern ungleichmäßiger.

Ähnlich gelagert sind die Verhältnisse in der Wirtschaft: Die Großen sind – weit – besser informiert als die mittleren und vor allem die kleinen Unternehmen. Je mehr Unternehmer (und Selbständige) mit ihrem Betrieb beschäftigt sind, desto weniger haben sie Zeit, sich mit Staatsleistungen und insbesondere mit Steuern zu befassen. Sie gehen entsprechend leer

aus, sie kommen jedenfalls zu kurz. Das verleiht den Großunternehmen einen nicht selten entscheidenden Wettbewerbsvorteil.
Zählt man als privater Haushalt und als Unternehmung nicht zur kleinen Gruppe der Informierten, so gibt es einen Ausweg: Das fehlende Wissen kann man bei Steuerberatern, Wirtschaftsprüfern, Treuhändern und Anwälten kaufen. Das lohnt sich in der Tat, setzt aber ein Mindestmaß an Information voraus: Man muß wissen, wer einen beraten kann. Doch das ist durchaus nicht immer der Fall. Und schließlich sind entsprechende Geldmittel erforderlich, Beratung kann teuer sein. Auch hier gilt es als ausgemacht: Die finanziell und wirtschaftlich besser Situierten haben einen Vorsprung, sie schneiden günstiger ab. Das Ergebnis ist: Mehr Staatsleistungen, weniger Steuern!
Eklatant sind die Vorteile, welche informierte Unternehmen aus dem staatlichen Subventionswesen ziehen können: Subventionen gibt es unter kaum zählbaren Titeln, man muß aber wissen, wie man an sie herankommt. Der Staat gibt u.a. Geld für Forschung, Entwicklung, Vermarktung im In- und Ausland, Zinsverbilligungen, sektorale und regionale Förderung und anderes mehr aus: Hier sind die Großunternehmen, mit ihren national und international gestreuten Betrieben am besten dran: Sie können jeweils dort tätig werden, wo die Subventionen (und die Steuervergünstigungen) am größten sind. Die mittleren und insbesondere die kleinen Unternehmen sind hier benachteiligt. Gravierend kommt hinzu, daß sie mehr als die Großunternehmen in die

Bezahlung von Steuern – bei gleichem Steuerrecht – eingespannt werden. Im Klartext: Sie können Steuern weniger oder überhaupt nicht vermeiden!
Auch in der Landwirtschaft, und was mit ihr zusammenhängt, ist es nicht anders: Der »Subventionssegen« ist hier derart groß und vielfältig, daß es sich noch mehr als anderswo lohnen dürfte, sich zu informieren. Es wäre nicht nur interessant, sondern auch einträglich auszumachen, welche Produktion an welchen Standorten die Agrarsubventionen zu maximieren erlaubt? Wer eine solche »Subventionsfarm« besitzt und betreibt, dem kann es nur gut gehen, solange der Staat an seiner – wachsenden – Subventionspolitik festhält. Doch auch hier: Um in den Genuß von Staatsleistungen zu kommen, ist ein hoher bürokratischer Aufwand erforderlich. Das notwendige Wissen haben die Klein- und die Bergbauern jedoch nicht, sie sind auf entsprechende Beratung angewiesen. Daß es diese gibt, wissen sie nicht immer und sie können oder wollen sie nicht bezahlen. So haben sie das Nachsehen. Von empirischen Untersuchungen in zahlreichen Industrieländern wissen wir: Je höher die Einkommen von Landwirten sind, desto größer ist jeweils der Prozentsatz der Subventionen. Die Landwirtschaftspolitik macht die reichen Produzenten noch reicher, während die mittleren und insbesondere die kleinen Landwirte (prozentual) weit weniger gefördert werden.
Nicht zu übersehen sind die Vorteile, die Informierte bei der Ausschöpfung der Möglichkeiten, die im Sozial- oder Wohlfahrtsstaat stecken, haben. Die Sozialgesetze sind derart kompliziert geworden, daß

sie für den »Normalbürger« kaum noch durchschaubar sind. Nicht nur sie, sondern auch die Hilfsbedürftigen kommen nicht mehr ohne Beratung aus. Je weiter die Sozialgesetzgebung auf dem bisherigen Weg voranschreitet, desto mehr trifft es zu: Zahlreiche, nicht-informierte Hilfsbedürftige kommen nicht an jene Sozialleistungen heran, die ausdrücklich für sie bereitgestellt werden. Greifen ihnen »Sozialbürokraten« unter die Arme, so ist das zwar begrüßenswert, es ist aber kaum vermeidbar: Die Nutznießer werden noch mehr vom Staat und seinen Institutionen abhängig. Sie wagen es nicht mehr, »ihre Meinung« zu sagen und sich zu wehren, wenn sie Angst haben, ihrer Förderung verlustig zu werden. Man rennt daher mit der Forderung offene Türen ein: Auch das Sozialrecht ist radikal zu vereinfachen.

Ein geradezu gigantisches Ausmaß hat das »Spesenrittertum« angenommen. Letztlich handelt es sich um eine Konzession des Steuerstaates insbesondere an die Wirtschaft, um die Folgen einer hohen Steuerbelastung zu mildern. Nutznießer u. a. von Bewirtungsspesen, Geschäfts- und »Bildungs«-reisen und der Verlagerung von Kosten der privaten Haushalte – z.B. Autos, Spirituosen, Wein und Dienstleistungen – in die abzugsberechtigten Unternehmen sind nicht nur jene, die das praktizieren dürfen und können, sondern entsprechend profitierende und expandierende Unternehmen und Branchen: Dazu gehören u.a. Restaurants, Hotels, Kongreßorte und -zentren, Reisebüros, Flug- und Busgesellschaften und Unternehmen, die Finanzdienstleistungen anbieten. Als Folge des großzügigen Spesengebarens sind sie auf Gedeih und Verderb mit den Spesenrittern des Steuerstaates verbunden. Kürzungen oder gar Streichungen würden sie in existenzielle Not bringen. Nicht nur der Vollständigkeit halber ist zu betonen: Hier werden im großen Stil Gelder ausgegeben, die anderswo fehlen. Es müssen andere Steuerzahler die entsprechenden Lücken in den Staatskassen schließen. Sie müssen für jene Verzichte leisten, die ihr Spesenunwesen fortsetzen dürfen. Doch ein Großteil ihrer Aufwendungen ist nichts anderes als Verschwendung. Je mehr die Nutznießer das so empfinden, desto eher fühlen sie sich dem Steuerstaat verpflichtet. Sie werden nicht zu jenen stoßen, die von ihm radikale Reformen für mehr Steuergerechtigkeit fordern.

Je komplizierter das Steuerrecht ist, desto mehr lohnt es sich, nach Schlupflöchern Ausschau zu halten. In den Nischen des Steuersystems kann man sich verstecken und entsprechend Steuern sparen. Zu diesem Zweck entstehen die »unmöglichsten rechtlichen Konstruktionen«, man geht bei solchen finanziellen und wirtschaftlichen Aktivitäten eben steuerfrei aus! Ausgelotet und getestet werden auch Grauzonen des Steuersystems: Man bewegt sich bewußt am Rande und außerhalb der Legalität, um so zu erfahren, ob der Steuerstaat darauf reagiert oder nicht. Das ist an sich verständlich und zeugt von Pioniergeist. Daran nicht ganz unschuldig ist der Steuerstaat selbst: Je höher seine Belastungen sind, desto mehr wird nach Lücken geforscht. Um sich in Grauzonen zu bewegen und in Schlupflöchern unterzukommen, ist entsprechendes Wissen erforderlich. Hat man es selbst nicht,

so muß man es teuer einkaufen. Das ist wohl nichts für den »Mann auf der Straße«, sondern nur für »ausgekochte« Informierte und zahlungskräftige Auftraggeber.
Um einem Mißverständnis vorzubeugen: Nicht diese stehen auf der Anklagebank, sondern der entsprechend ausgestattete Steuerstaat. Je enger er aber sein Netz knüpft, desto komplizierter wird das Steuerrecht. Das benachteiligt erneut jene, die nicht entsprechend informiert sind. Doch denen wird dadurch das Handwerk nicht unbedingt gelegt: Sie entdecken neue Löcher. Auf die Dauer besteht die Gefahr, daß der Steuerstaat selbst nicht mehr in der Lage ist, sich in seiner Gesetzgebung auszukennen. Dies schafft entsprechende Rechtsunsicherheit, die erneut ausgenützt werden kann: Es sind wieder die Informierten, die daraus Nutzen ziehen.
In den Abschreibungen stecken enorme Chancen, Steuerersparnisse zu verwirklichen. Hier ist es nicht nur unentbehrlich, die Möglichkeiten zu kennen, erforderlich ist auch ein ausreichender Abschreibungsbedarf. In dieser Beziehung sind die Großunternehmen entscheidend besser dran, als ihre kleinen und mittleren Konkurrenten. Nicht selten haben diese überhaupt nichts zum Abschreiben. Das ist zwar nicht die Schuld der Großen, die steuerliche Benachteiligung bleibt aber ein Faktum. Und schließlich zeigt die Erfahrung: Große und leistungsfähige Unternehmen, die hohe Steuern in Aussicht haben, kaufen nicht selten »marode Unternehmen « auf, um so zum gewünschten Abschreibungsvolumen zu gelangen. Dies läuft darauf hinaus, daß der Steuer-

staat direkt in die Sanierung kranker Unternehmen – finanziell – eingeschaltet wird. Strukturpolitisch mag dies zwar positiv sein, dem Steuerstaat gehen aber entsprechende Einnahmen verloren. Er erholt sich bei jenen, die ihre Erträge, Gewinne oder Einkommen nicht über Abschreibungen aus der Welt schaffen können. Damit zeigt es sich erneut: Die Spieße sind auch steuerlich nicht gleich lang, entsprechende Verzerrungen des Wettbewerbs können nicht ausbleiben.

Geht es um Unternehmen und gut situierte Steuerzahler mit hohen Einkommen, so gilt das Argumentieren: Kennen sie sich im Steuerrecht nicht aus und haben sie auch keine Zeit dazu, so können sie sich beraten lassen. Kommen aber vor allem unselbständig Erwerbende mit ihren relativ einfachen Steuerverhältnissen nicht zu Recht, so liegt das am Steuerstaat. Er überfordert den (Normal-)Bürger: Was dieser zu versteuern hat, geht aus dem Lohnausweis hervor, doch was er alles absetzen dürfte, ist vielen nicht bekannt. So können sie jene Chancen, die in Entlastungen liegen, nicht ausschöpfen. Das mag zwar für den Fiskus positiv sein, die Benachteiligten gehören aber zu jenen, die sich am schlechtesten wehren können.

Die Informierten verfügen über einen entscheidenden Vorsprung, indem sie über Veränderungen des Steuerrechts (weit) im voraus informiert sind. Sie haben die erforderlichen Voraussetzungen, um sich rechtzeitig anzupassen. So können sie in erheblichem (bis vollem) Ausmaß Steuern sparen. Die Best-Informierten sind auch als Berater und Experten tätig. Der

Staat bezieht sie in die Vorbereitungen von Reformen des Steuerrechts aufgrund ihres Wissens ein. Dabei können sie in ihrem Sinne und zu Gunsten jener einflußreichen Gruppen, denen sie »nahestehen«, die Gesetzgebung beeinflussen. Und nicht zuletzt: Jene, die in der Steuer- und Finanzverwaltung tätig sind und sich dort am besten auskennen, springen nicht selten ab und werden – selbständige – Steuerberater: Dabei verfügen sie weiterhin über gute Beziehungen zu ihrem ehemaligen Arbeitgeber, dem Steuerstaat. Das ist ein unschätzbarer Vorteil!
Die Reihe der Möglichkeiten, Steuern zu sparen, wenn man entsprechend informiert ist, läßt sich ohne weiteres verlängern. Zu erwähnen sind u. a. die Steuervergünstigungen, die Manipulation von Gewinn über Verrechnungspreise zwischen Betrieben, die zum gleichen Unternehmen gehören, die Wahl jener Rechtsform, die am wenigsten Steuern auslöst und die »Unkostenproduktion«: Je höher die Steuerbelastung ist, desto mehr bleibt sie Anlaß, – unnötige – Kosten zu erzeugen, um so den steuerbaren Gewinn zu senken. Diese und andere Fehlentwicklungen des Steuersystems sind so gewichtig, daß darauf zurückzukommen ist.
Die Finanzwissenschaft betont seit Jahrzehnten: Jene Steuern, die der Staat im Laufe der letzen Jahrhunderte eingeführt und ausgebaut hat, verdienen die Bezeichnung »Steuersysteme« nicht. Sie sind weder zielkonform noch aufeinander abgestimmt. Sie versorgen den Staat zwar mit Einnahmen, doch die Art und Weise wie dies geschieht, vermag nicht zu befriedigen. Der Wildwuchs des Steuerstaates, der seinen

Ausdruck u. a. in einem hochkomplizierten Steuerrecht findet, ist mit zahlreichen und gravierenden Ungerechtigkeiten verbunden. Sie laufen dem Postulat einer gerechten Besteuerung nicht selten diametral zuwider. Wer selbst informiert ist oder es sich leisten kann, sich informieren zu lassen, der hat die vielfältigsten Möglichkeiten, sich zu entlasten. Das Ergebnis: Dem Staat gehen – durchaus legal – Einnahmen verloren, die er ersetzen muß. Er greift entsprechend auf jene zurück, die nur bescheidene oder gar keine Chancen haben, Steuern zu sparen.

Wie die Steuerzahler ausweichen

Je höher die Steuerbelastung ist, desto mehr lohnt es sich, Steuervermeidung ins Auge zu fassen. Wer sich hier betätigt, befindet sich noch im Bereiche der Legalität, er schöpft nur den gesetzlichen Handlungsspielraum aus, um möglichst wenige oder gar keine Steuern bezahlen zu müssen. Für den Steuerstaat ist es wichtig, das Steuerrecht so zu gestalten, daß er den Steuerzahlern ermöglicht, ihm treu zu bleiben. Andernfalls erleidet er empfindliche Einbußen. Den Steuern kann nämlich in vielfältiger Art und Weise ausgewichen werden.

Vorweg ein positives Ausweichen: Bei den speziellen Verbrauchssteuern, wie jene auf Alkohol und Tabak, ist die Eindämmung dieses – schädlichen – Konsums erwünscht. Je mehr die Betroffenen sich hier zurückhalten und auf andere Güter ausweichen, desto besser ist das für die »Volksgesundheit«, doch: Es hat zugleich weniger Steuererträge zur Folge. Die Lücke im Staatshaushalt muß durch andere Abgaben geschlossen werden.

Sind Steuervergünstigungen im Spiel, so gibt das Anreiz, auf Aktivitäten auszuweichen, die vom Staat finanziell gefördert werden. Ein geläufiges Beispiel sind die Abzüge für Prämien an Versicherung oder für (anderes) zweckgebundenes Sparen im Rahmen der Eigentumsförderung. Hier wird ein zusätzliches Sparen angestrebt, ob es auch zustande kommt, ist allerdings eine offene Frage. Je höher die Steuervergünstigungen sind, desto nachteiliger ist das für die Einnahmen des Staates. Auf die Dauer wird er hier – und anderswo – nicht um Steuererhöhungen herumkommen. Er muß die Ausfälle irgendwie wettmachen. Am härtesten sind hier jene betroffen, die von den Vergünstigungen am wenigsten profitieren können.

Die Steuern verteuern, wenn überwälzt, die Preise von Gütern und Diensten. Reichen die verfügbaren Einkommen dazu nicht aus, so löst das andere Aktivitäten aus: Man weicht in die (legale) Schattenwirtschaft aus. Hier stößt man auf das Do-it-yourself und die Selbstversorger. Sie tun es nicht nur aus Spaß, sondern auch notgedrungen. Ihnen sind die Kosten bestimmter Dienstleistungen zu hoch, sie leisten eigene Arbeit, dem Staat gehen dabei Steuern und Sozialabgaben verloren. Das kann den Steuerstaat auf Dauer hart treffen und es verfälscht auch das Volkseinkommen. Dieses vermindert sich um die Verlagerung in die Schattenwirtschaft.

Wer es sich leisten kann, der steigt teilweise oder ganz aus dem Steuerstaat aus, wenn er mit seinen Belastungen nicht mehr einverstanden ist. Er arbeitet weniger, läßt sich vorzeitig pensionieren oder verkauft sein Unternehmen, um eben zu privatisieren. Dazu wählt er nicht immer sein »Heimatland«, sondern das steuergünstigere Ausland aus. Er zieht dorthin – in Steueroasen – wo die Steuern sehr niedrig sind oder die Bezahlung eines pauschalen Betrages unabhängig vom Einkommen möglich ist. Es versteht sich von selbst: Hier können enorme Steuern gespart werden. Dazu imstande sind gut und (hoch-) flexible, situierte Steuerzahler. Ihre Zahl ist beträchtlich und vor allem: Sie nimmt rasch zu. Manche wenden sich von ihrem Steuerstaat endgültig ab. In förderalistischen Ländern machen sie von der Möglichkeit Gebrauch, herumzuziehen. Sie ziehen vor, dort zu wohnen, wo die Steuern am niedrigsten sind.

Wer unternehmerisch tätig ist oder es werden möchte, für den spielt die Rechtsform der Unternehmung eine wesentliche Rolle. Der Grund liegt darin, daß (sehr) unterschiedliche Steuern anfallen, u. a. je nachdem, ob man als natürliche oder juristische Person wirtschaftet. Daher finden Verlagerungen von der einen in die andere (günstigere) Rechtsform statt. Der Fiskus erleidet entsprechende Einbussen, flexible Unternehmen sparen Steuern, doch: Es stellt sich die Frage, ob der hier betriebene Aufwand auch volkswirtschaftlich erwünscht ist oder nicht? Und schließlich ist festzustellen: Die unterschiedliche Erfassung und Belastung von Erträgen, Gewinnen oder Einkommen verfälschen den Wettbewerb. Sie haben diskriminierenden Charakter!

Die multinationalen Unternehmen lassen sich bei ihrer Standortwahl in hohen Maßen von unterschiedlichen Steuer-(und Sozial-)Lasten beeinflussen. Als zu hoch empfundene Belastungen veranlassen, überall dorthin sich in Bewegung zu setzen, wo es bessere

und daher lohnende Steuerverhältnisse gibt. Nicht selten können sie noch nahmhafte Subventionen mitnehmen. Wer weltweit tätig ist, der kann sich der nationalen Steuergesetzgebung – und nicht nur ihr – weitgehend bis ganz entziehen, wenn er entsprechend flexibel ist. Die großen, multinationalen Unternehmen sind das in der Tat: So ziehen sie dem (nationalen) Steuerstaat Grenzen für die Beteiligung an ihrem Erfolg.
Kann man Produktionsstätten nicht wunschgemäß ins Ausland verlagern, so ist man in der Steuervermeidung noch nicht am Ende: Die betroffenen Unternehmen gründen eine Holdinggesellschaft in einem Niedrigsteuerland oder am besten in einer Steueroase. Ihr Ziel ist es, die Gewinne ihrer weltweiten Aktivitäten dorthin fließen zu lassen, wo die direkten Steuern am niedrigsten sind. Wie nicht anders zu erwarten ist, versuchen einzelne Staaten hier den Riegel zu schieben, um nicht leer auszugehen. So sehen sich die Unternehmen veranlaßt, über die Manipulation der Verrechnungspreise von Lieferungen zwischen ihren international gesteuerten Betrieben zum Erfolg zu kommen. Wo die Steuern hoch sind, sollen möglichst keine Gewinne oder Verluste anfallen. Müssen Verrechnungspreise oder sogar Devisen- und Kapitaltransaktionen genehmigt werden, so engt das den Handlungsspielraum ein, doch: Darauf antwortet man mit möglichst großen Abschreibungen in jenen Betrieben, die sich in Hochsteuerländern befinden. Verläuft dies wunschgemäß, so kann man entlassen und dicht machen. Davon ist auch der Steuerstaat betroffen.

Nun gibt es ein altbekanntes Phänomen: Je höher die Steuerbelastung ist und je besser es einem Unternehmen geht, desto größer ist die Versuchung, unnötige Kosten zu produzieren, um so Gewinn und Steuern zu drücken. Dies geschieht im Bewußtsein, Ressourcen zu verschwenden. Der Grund: Man mag dem Steuerstaat einfach nicht soviel Geld abliefern. Und es versteht sich von selbst: Auch wenn die Unternehmen das ohne weiteres verkraften, volkswirtschaftlich ist es trotzdem schädlich. Die Leistungsfähigkeit einer Volkswirtschaft läßt auf Dauer nach, die Fehlallokation nimmt zu. Das wirkt sich negativ auf die Entwicklung der Steuereinnahmen aus und kann Subventionen zur Folge haben.
Die vielfältigen Manöver der Steuerausweichung sind mit hohen Kosten ihrer Durchführung verbunden. Das könnte ohne weiteres vermieden werden, wenn der Steuerstaat nicht nur Unternehmen, sondern auch Privatpersonen – aus ihrer Sicht – tragbar in seine Finanzierung einspannen würde. Je mehr er aber seine Besteuerung verschärft und die Steuerausweichung bekämpft, desto kontra-produktiver wirkt sich das – ab einer gewissen Schwelle – aus. Wer dies nicht billigt und auch nicht aufzugeben bereit ist, der denkt auch an die Steuerhinterziehung. Je mehr er sich damit geistig beschäftigt und je größer die so erzielbaren Steuerersparnisse sind, desto eher vollzieht er den Schritt in die Illegalität. Die Steuerhinterziehung ist ein nicht zu unterschätzendes Phänomen.

Die Steuerhinterziehung nimmt zu!

Die Steuerhinterziehung ist eine rechtswidrige Form der Steuervermeidung: Sie ist als Delikt strafbar. Dabei wird unterschieden, ob steuerliche Tatbestände (nur) verheimlicht oder Steuerbetrug begangen wurde. In letzterem Fall wurden Unterlagen gefälscht und so der Finanzverwaltung mitgeteilt. Weniger verbreitet sind Steuerflucht und Steuerstreiks. Die Weigerung, bestimmte Steuern zu bezahlen, ist schon deshalb eher selten, weil jene, die das organisieren, mit entsprechenden Sanktionen zu rechnen haben. Letztlich ist das »Widerstand gegen die Staatsgewalt«. Die Steuerflüchtigen wollen sich letztlich den Strafen auf Steuerdelikte entziehen. Um einem Mißverständnis vorzubeugen: Wer seinen Wohn- und damit Steuersitz legal (ins Ausland) verlagert, um so Steuern aus dem Wege zu gehen, der begeht keine Steuerflucht wie oft behauptet wird. Er sorgt lediglich vor, um hier nicht Steuerschuldner zu werden. Er müßte nämlich sonst bezahlen, und es wäre zu spät, sich in Steueroasen abzusetzen.
Eine Minderheit der Steuerhinterzieher begibt sich ohne finanzielle Veranlassung in die Illegalität. Es

sind die gewohnheitsmäßigen, notorischen Hinterzieher. Für sie ist schon der kleinste Betrag, den sie an den Staat (ohne direkte Gegenleistung) abliefern müssen, zuviel. Sie schöpfen daher – risikofreudig – sämtliche Möglichkeiten der Steuerhinterziehung aus. Ihnen ist auch moralisch nicht beizukommen. Der Staat kann tun und lassen, was er will, die Steuerhinterziehung geht unvermindert weiter.
Aus der Praxis sind zahlreiche Begehungsarten der Steuerhinterziehung bekannt. Wer sich nicht ordnungsgemäß anmeldet, hat offiziell keinen Wohnsitz: Er entgeht dabei den Steuern. Ist ein Unternehmen verpflichtet, z. B. Gewerbe- oder Umsatzsteuern zu bezahlen, läßt es sich aber nicht entsprechend registrieren, so bleibt es von diesen Steuern verschont. In jenen Länder, die eine korrupte Staatsverwaltung haben, kann man sich gegen Bezahlung von Steuern freikaufen: Man wird nicht erfaßt, der Fiskus geht leer aus. Die Angaben verminderter steuerlicher Tatbestände erstrecken sich nicht nur auf Erträge, Gewinne und Einkommen, sondern auch auf die Preise am Immobilienmarkt. Was »außervertraglich« bezahlt wird, entzieht sich dem Fiskus. Verbreitet ist die Nicht-Verbuchung von Geschäftsvorgängen, die steuerlich relevant sind. Das wird hier als »Unterlassungssünde« angesehen. Als Steuerdelikt werden aber Fälschungen der (Finanz-)Buchhaltung empfunden. Dies zu Recht, der »Fälscher« hat höhere Strafen zu erwarten.
Es ist eine weitverbreitete Meinung: Hinterzogen wird nur bei den direkten Steuern, von den indirekten Abgaben ist im Zusammenhang mit der Steuer-

hinterziehung kaum die Rede. In Wirklichkeit nimmt die Illegalität (auch) bei den indirekten Steuern zu. Bei der Mehrwertsteuer sind erhebliche Belastungen und Beträge im Spiel. Sie geben Anreiz, zu hinterziehen. Dies ist insbesondere dann der Fall, wenn die Nachfrage stagniert oder schrumpft: Die Überwälzung ist schwierig oder nicht mehr möglich. Mit der Hinterziehung kann man sich nicht unbeträchtlich entlasten.

Der Steuerstaat kann nicht verhindern, daß der Bürger seine Ausgabenmoral beurteilt, bevor er sich entscheidet, wie er sich in bezug auf die Steuerhinterziehung verhalten soll. Hier geht es – wie anderswo – um das gute und das schlechte Beispiel. Inzwischen hat es sozusagen der Letzte bemerkt, daß der Wohlfahrtsstaat mit öffentlichen Mitteln nicht so umgeht, wie der Bürger es erwartet. Die Loyalität und Treue des Steuerzahlers gegenüber dem Staat hat nachgelassen. Infolgedessen ist es nur logisch, von einer zunehmenden Steuerhinterziehung auszugehen. Es gibt nämlich gewichtige Faktoren, die für diesen Trend sprechen. Man kennt sie insbesondere von der Erforschung der Schattenwirtschaft: Die nicht-offizielle Wirtschaft hat ab Anfang der siebziger Jahre angefangen zu expandieren. Dies als direkte Folge der wohlfahrtsstaatlichen Entwicklung, die sich durch hohe und wachsende Steuern und Sozialabgaben und einer rasch zunehmenden Regulierung, d. h. Bürokratie, auszeichnet.

Für den Bürger sind nicht nur die steuerlichen Belastungen, sondern auch die Sozialabgaben maßgebend. Zählt er diese zusammen, so muß er Verzichte leisten, die in den Wohlfahrtsstaaten (mindestens) zwei Drittel seines (Erwerbs-)Einkommens und mehr erreichen. Je höher die (Gesamt-)Belastung ist, desto größer ist der Anreiz, in die Illegalität auszuweichen und zu hinterziehen. Anders ausgedrückt: Mit keiner wirtschaftlichen Tätigkeit ist es auch nur annähernd möglich, solche Erträge oder Ersparnisse zu erzielen, wie bei der Hinterziehung von Steuern und Sozialabgaben. Man darf daher nicht staunen, daß insbesondere die illegale Schattenwirtschaft eine Wachstumsbranche par excellence geworden ist: Sie wird auch künftig rasches Wachstum verzeichnen, wenn der Wohlfahrtsstaat nicht überwunden wird.

Es kommt nicht von ungefähr, daß die Frage nach der Tragbarkeit von Steuern und Sozialabgaben intensiv diskutiert wird. Sie gelten aus der Sicht jener, die sie zu bezahlen haben, als überhöht. Dazu kann man nicht genug betonen. Befragen muß man diese Lastesel des Steuerstaates und nicht jene, welche wenig bezahlen aber (sehr) viel beziehen. Aus ihrer Sicht ist es nur folgerichtig, zu behaupten, die Steuern und Sozialabgaben seien (noch) nicht an Obergrenzen gestoßen.

Ob man es mag oder nicht: Der Steuerstaat muß mit seinen – guten und besten – Steuerzahlern zu einem akzeptablen Kompromiß über seine Belastungen kommen. Anders hat er keine Aussicht, die Steuerhinterziehung in den Griff zu kriegen. Verschlechtert sich die Steuermoral weiter, so wird der Schritt zurück in die Legalität noch schwieriger. In jenen Ländern nämlich, in denen die Schattenwirtschaft weit fortgeschritten ist, ist die Gefahr nicht von der

Hand zu weisen, daß der Rechtsstaat langsam aber sicher ausgehöhlt wird. Doch daran kann und darf letztlich niemand ein Interesse haben. Wir sind alle auf geordnete Verhältnisse angewiesen, um nicht in Willkür und Chaos unterzugehen. Ohne Rechtssicherheit gibt es auf Dauer weder Freiheit noch Gerechtigkeit.

Der Steuerstaat befindet sich in einem Teufelskreis. Je mehr er aus seinen Bürgern herauspressen möchte, desto heftiger wehren sie sich: Sie schrecken auch vor dem Schritt in die Illegalität nicht zurück. Zieht er die Steuerschraube weiter an, so wird noch mehr ausgewichen und ausgestiegen. Auf Dauer hat der Steuerstaat keine Chance, sich voll durchzusetzen, er kann letztlich nur soweit gehen, wie die Steuerzahler es ihm erlauben.

Nun wird regelmäßig empfohlen, das Strafrecht zu verschärfen, um die Steuerhinterziehung zu bekämpfen. Solange diese ein »Kavaliersdelikt« bleibt, darf man nicht staunen, wenn Steuern ohne »Gewissensbisse« hinterzogen werden. Jene, die entdeckt werden, zahlen die geschuldeten Steuern einfach (mit Zinsen) nach: Ihr Risiko ist demnach sehr gering. Saftige Bußen auf Steuerhinterziehung bringen schon mehr, sie können jemanden finanziell ruinieren: Das sollte abschrecken. Noch wirksamer sind – zusätzlich – Gefängnisstrafen, die unbedingt ausgesprochen werden. Spätestens hier wird die Steuerhinterziehung kriminalisiert. Deshalb werden nicht wenige sich überlegen, ob sie das Risiko eingehen sollen, als entdeckte Steuerhinterzieher in der Öffentlichkeit, als Kriminelle zu erscheinen!

Nicht zu vergessen ist die Wirtschaftskriminalität, die ebenfalls zunimmt. Sie hat herausragende Folgen: Steuern und Sozialabgaben kommen hier nicht zu kurz, oder sie gehen leer aus. Im Spiel ist hier auch der Subventionsbetrug. Zu hohe Subventionen laden geradezu ein, sie zu beziehen, ohne die Voraussetzungen tatsächlich zu erfüllen. Hier ist die Analogie zum Steuerbetrug nicht zu übersehen. Der Steuerstaat nimmt nicht nur bei der Steuerhinterziehung Schaden, er ist durch zahlreiche andere, illegale Aktivitäten gefährdet. Er kann und muß die Steuertechnik verbessern und sein Netz enger knüpfen. Dazu gehört das Quellenabzugsverfahren: Erträge, Einkommen und Gewinne werden an der Quelle abgeschöpft, sie können so dem Steuerstaat nicht mehr entgehen.
In bezug auf die Steuerhinterziehung gibt es manche offenen Probleme. Zum einen beruht die Aussage, die Steuerhinterziehung nehme zu, auf Schätzungen. Wie groß sie tatsächlich ist, kann man nicht in Erfahrung bringen. Wird zum anderen die Steuertechnik verbessert, so gerät die Steuerhinterziehung unter Druck. Es stellt sich aber die Frage, wie die Betroffenen auf Dauer reagieren? Hat der Steuerstaat sie besser oder total im Griff oder weichen sie ihm zunehmend aus? Umstritten sind vor allem die Auswirkungen verschärfter Sanktionen. Schrecken diese jene, die hinterziehen (wollen), ab, oder ziehen sie derart Konsequenzen, daß sie einfach ausweichen? Es ist nicht ausgeschlossen oder sogar wahrscheinlich, daß jene Maßnahmen, die aus rechtsstaatlicher Sicht zur Bekämpfung der Steuerhinterziehung

ergriffen werden müssen, sich auf die Steuereinnahmen kontraproduktiv auswirken. Die Steuerzahler schränken die steuerlichen Tatbestände legal ein. Doch was auch immer: Im Rahmen der Steuerhinterziehung entlasten sich die Rechtsbrecher auf Kosten jener, die Steuern (und Sozialabgaben) ehrlich bezahlen. Doch das verstößt gegen die Steuergerechtigkeit!

Selbstzerstörung des Steuerstaates

Der Steuerstaat ist alt, man kann sein Verhalten über Jahrhunderte hinweg verfolgen. Er gab immer wieder mehr aus, als er aus den Steuerzahlern herauspressen konnte. Geriet er in finanzielle Engpässe, so hielt er stets nach neuen Quellen Ausschau: Er griff dort zu, wo der Widerstand jeweils am geringsten war. Um die anerkannten Grundsätze der Besteuerung kümmert er sich kaum. Es überrascht daher nicht: Der Steuerstaat weiß nicht, was er – ordnungspolitisch – tut, er handelt widersprüchlich und bringt sich dabei selbst in große Schwierigkeiten. Er muß immer wieder eingreifen, um negative Auswirkungen seines eigenen Verhaltens zu korrigieren. Kommt er aus diesem Teufelskreis nicht heraus, so zerstört er sich auf Dauer selbst!

Ohne die langfristige Finanzierbarkeit von Staatsausgaben abzuklären, verspricht der Steuerstaat, um sich beliebt zu machen, regelmäßig neue Staatsleistungen. Über die Kosten läßt er die Bürger im Dunkeln. Sie stimmen meistens zu, denn sie erwarten massive Netto-Vorteile. Sind die Ausgaben aber nicht ordentlich, mit laufenden Einnahmen, finanziert, so steht der Steuerstaat unter einem permanenten Finanzierungsstreß. Die Nutznießer seiner »Geschenkwirtschaft« gewöhnen sich rasch an ihre Vergünstigungen, sie betrachten diese bald als einmal wohlerworbenes Recht: Der Staat wagt es nicht mehr, Kürzungen oder Streichungen vorzunehmen. Ist der ursprüngliche Anlaß u. a. für Subventionen an Unternehmen, Verbilligungsaktionen zugunsten der Konsumenten oder Zahlungen an die Träger der sozialen Sicherheit nicht mehr gegeben, so zieht der Steuerstaat keine Konsequenzen. Er zahlt einfach weiter. Doch jeder erfüllte Wunsch gebiert den nächsten: Der Steuerstaat gibt nach, er stockt seine Leistungen erneut auf. Die Mehrheit der Nutznießer will es nicht wahrhaben, daß es Finanzierungsgrenzen gibt. Sie verzichten nicht einmal auf Leistungen, auf die sie existenziell nicht angewiesen sind. So kann die Expansion der Staatsausgaben nur weitergehen, eben bis der Steuerstaat zahlungsunfähig geworden ist.

Es versteht sich von selbst: Je mehr die Betroffenen dem Steuerstaat ausweichen, desto mehr gerät er unter Druck. Die einen gehen ins Ausland, die anderen suchen günstige Standorte im Inland, die Wirtschaft erzeugt Kosten, um damit den steuerbaren Gewinn zu drücken. Ihre »Unkostenproduktion« ist nichts anderes als Verschwendung. Beliebt und weit verbreitet ist das »Spesenrittertum«. Auch hier kann man sich der drohenden Besteuerung entziehen. Die Folgen sind geringere Einnahmen des Steuerstaates und eine branchenmäßige Subkultur, die von den »Spesenrittern« lebt. Ihre Kehrseite darf nicht über-

sehen werden: Je mehr der Steuerstaat solche Entlastungen zuläßt, desto stärker gerät die Bemessungsgrundlage seiner Steuern in Bedrängnis. Die Einnahmen können auf Dauer erheblich sinken. Erhöht er die Steuersätze, um solche Ausfälle wettzumachen, so löst er damit erneut negative Steuerwirkungen aus. Ein großer Spielraum für mehr oder weniger Einnahmen für den Steuerstaat steckt sowohl in der Definition des »Einkommens« als auch in der Steuerveranlagung. Ein umfassender Einkommensbegriff bezieht auch den Wert der Freizeit, die häuslichen Dienstleistungen (z. B. Hausarbeit), Selbstversorgungen aller Art, die kostenlose Verpflegung und Wohnung aber auch und vor allem die Kapitalgewinne (auf Aktien und Grundstücken) ein. In einer weiteren Interpretation gehören dazu auch Erbschaften und Schenkungen. Selbstverständlich dürfen auch Glücksgewinne nicht von der Einkommensteuer verschont bleiben. Grundsätzlich ist zu betonen: Eine (individuelle) Einkommenssteuer, die allgemeinen Charakter haben soll, um dem Gerechtigkeitspostulat zu entsprechen, muß sämtliche Einkommen(selemente) erfassen und gleichmäßig in die Besteuerung einbeziehen. In dem Maße wie dies – vielfach – nicht geschieht, liegt eine Bevorzugung bzw. Diskriminierung bestimmter Einkommen vor.
Das mag durchaus gute Gründe haben, so z. B.: Die Befreiung der Kapitalgewinne von der Einkommenssteuer fördert die Investitions- und Risikobereitschaft. Werden Erbschaften nicht der Einkommenssteuer unterworfen, so ist das insbesondere für »Familienunternehmen« günstig. Verzichtet man auf

die Besteuerung der Gewinne auf Immobilien, so fördert dies das private Eigentum. Es gibt noch andere Argumente, die für Ausnahmen sprechen, doch: Je mehr diese gemacht werden, desto schmaler wird die Basis der Einkommenssteuer: Progression und durchschnittliche Belastung müssen langfristig verschärft werden, damit der Steuerstaat zu den von ihm gewünschten Einnahmen kommt. Doch je höher die Belastung jener wird, die von Steuerbefreiungen nicht profitieren können, desto mehr wird die Steuergerechtigkeit durchlöchert.

Mit seinen masssiven Steuerbefreiungen zerstört der Steuerstaat die Grundlagen seiner Einnahmen. Dabei werden die Steuersätze immer weniger repräsentativ, die Tarifwahrheit nimmt ab. Es werden bei Nicht-Informierten Steuerbelastungen vorgetäuscht, die es in Wirklichkeit gar nicht gibt. Davon profitieren jene Schichten, die imstande sind, aus den Befreiungen Nutzen zu ziehen. Zu kurz kommen die unselbständig Erwerbenden insbesondere aus den breiten Einkommensschichten. Es liegt an sich nahe, eine Einkommenssteuer zu fordern, die sämtliche Einkommenselemente in gleicher Art und Weise erfaßt und die Besteuerung einbezieht. Empirische Untersuchungen zeigen z.B. für die USA, daß der bisherige Steuerertrag mit massiv verminderten Steuersätzen dem Staat erhalten werden könnte. Das hat den entscheidenden Vorteil, daß die negativen Auswirkungen einer zu hohen Belastung auf die Leistungs- und Investitionsanreize weitgehend bis voll entfallen würden. Die Wirtschaft würde nicht mehr Schaden nehmen und stärker wachsen. Das ist mit

zusätzlichen Steuereinnahmen – bei gleicher Belastung – verbunden. Der Steuerstaat könnte aus einer grundlegenden Reform der Einkommensbesteuerung nur als Einnahmen-Sieger hervorgehen. Gleichzeitig würde er zur Tarifwahrheit und mehr Steuergerechtigkeit zurückkehren. Das würde ihn gegenüber den Steuerzahlern glaubwürdiger machen!
Der Steuerstaat gewährt eine Reihe von Steuervergünstigungen an private Haushalte: Sie wirken sich negativ auf seine Einnahmen aus. Das trifft auch für das steuerfreie Existenzminimum zu, es ist aber – richtig angesetzt – nicht in Frage zu stellen. Nun gibt es aber verschiedene Abzüge, die problematisch sind: Hypothekarzinsen dürften nur abgesetzt werden, wenn die Eigenmiete in die Einkommensbesteuerung einbezogen wird. Letzteres ist zum einen nicht gerechtfertigt und zum anderen kaum noch üblich. In diesem Fall ist die Absetzbarkeit von Hypothekarzinsen aufzuheben. Das vertragliche Sparen der privaten Haushalte, so z. B. Prämien an Lebensversicherungen oder »Bausparen« ist weitgehend von der Besteuerung befreit. Werden keine Begrenzungen vorgenommen, so ziehen daraus vor allem die mittleren und oberen Einkommen Nutzen: Sie können sich entsprechend entlasten! In der Regel sind auch die Beiträge an die Sozialversicherung abzugsfähig. Damit ködert der Steuerstaat seine Bürger, sie willigen eher in den Ausbau des Wohlfahrtsstaates ein! Er geht noch weiter: So können in einzelnen Ländern Steuerzahlungen an untergeordnete Gebietskörperschaften bei der Bundes-Einkommenssteuer berücksichtigt werden. Es versteht sich

von selbst: Je mehr vom Einkommen abgesetzt werden kann, desto größer werden die Steuerausfälle. Diese rufen aber nach einer Kompensierung: Auf Dauer können, ohne entsprechende Verschuldung, Steuererhöhungen gar nicht ausbleiben. Doch damit werden Steuervergünstigungen nicht unbeträchtlich rückgängig gemacht. Am härtesten sind hier jene betroffen, die am wenigstens von den Vergünstigungen profitieren können.

Von herausragender Bedeutung für die Erosion des Steueraufkommens sind die Steuervergünstigungen, die der Wirtschaft unter zahlreichen Bezeichnungen gewährt werden. Sie sind letztlich nichts anderes als Subventionen. Es wäre daher ehrlich(er), Subventionen – wenn gerechtfertigt – zu bezahlen und sämtliche Vergünstigungen abzuschaffen. Hier gilt der Grundsatz der Wettbewerbsneutralität: Die Unternehmen sind unabhängig von ihrer Rechtsform gleich zu erfassen und zu besteuern.

Die Vergünstigungen sind zum einen historisch gewachsen und zum anderen sind sie eine Reaktion auf eine zu hohe Belastung insbesondere leistungsschwacher Unternehmen. Doch inzwischen ist es nicht einzusehen, wieso z.B. Genossenschaften anders als die übrigen Unternehmen besteuert werden sollen. Die leistungsschwachen Unternehmen und Branchen müssen sich dem Strukturwandel unterziehen. Ist man auf sie für die Versorgungssicherheit angewiesen, so sind entsprechende Subventionen angezeigt: Sie erbringen dafür gemeinwirtschaftliche Leistungen. Und noch eine Bemerkung zur Abschreibungspraxis. Sie hält sich am besten an

die tatsächliche Lebensdauer der Anlagen. Eine nach Branchen differenzierte Abschreibungspraxis, die davon abweicht, ist nicht gerechtfertigt. Und noch ein letztes Wort: Je mehr Vergünstigungen zu Gunsten der Wirtschaft gewährt werden, desto mehr gerät sie in Verruf, sich ihrer Verantwortung gegenüber dem Steuerstaat zu entziehen. Das trägt zum einen zur Industrie- und Wirtschaftsfeindlichkeit bei und zum anderen verlangen sowohl bisher vernachlässigte Branchen, als auch private Haushalte nach noch mehr Entlastungen!
Aufschlußreich ist der Forschungsstand zu den Auswirkungen der Besteuerung auf die Bestimmungsfaktoren der wirtschaftlichen Entwicklung. Es steht nicht erst heute fest: Die finanziellen Anreize stimmen nicht mehr! Diese Erkenntnis gab wohl den Ausschlag für die laufenden Steuerreformen, die sich auf die direkten Steuern und die Progression konzentrieren.

1. Hohe und progresssive Steuern veranlassen jene, die über eine ausreichende Flexibilität verfügen, darauf zu reagieren. Es sind vor allem die Selbständigen und die verheirateten Frauen! Die einen arbeiten weniger, die anderen steigen vorübergehend oder endgültig aus dem Erwerbsleben aus. Attraktiv ist die Schwarzarbeit, bei der man nicht nur Steuern, sondern auch Sozialabgaben vermeiden kann. Eine rasch wachsende Zahl betätigt sich auch in der – legalen – Schattenwirtschaft und zwar als Selbstversorger und beim Do-it-yourself! Und nicht zu vergessen: Je mehr man hat und je höher das laufende Einkommen ist,

desto flexibler ist man. Solche Steuerzahler weichen insbesondere in ausländische Steueroasen aus. Sie gehen dem Steuerstaat verloren!

2. Es gehört zu den Binsenwahrheiten, daß die progressive Einkommenssteuer die Spartätigkeit der privaten Haushalte besonders hart trifft. Das beeinträchtigt das Angebot an Kapital für Investitionen in der Privatwirtschaft, der Bedarf an Fremdfinanzierung nimmt daher zu Lasten der Eigenfinanzierung zu. Auf Dauer treibt dies die Zinssätze in die Höhe. Darunter leiden besonders die langfristigen Investitionen wie z.B. der Wohnungsbau: Er wird verteuert und entsprechend behindert.
Aber auch die Körperschaftssteuer schadet den privaten Investitionen. Unter Druck geraten hier schwergewichtig die (sehr) innovativen und damit risikoreichen Investitionen. Sie sind daher für die Durchsetzung des technischen Fortschritts ausschlaggebend. Dieser ist der strategische Zukunftsfaktor. Es kommt nicht von ungefähr, daß seine Förderung u.a. über günstige steuerliche Rahmenbedingungen im Mittelpunkt der Wachstumspolitik steht.

3. Je schwächer die Wirtschaft wächst, desto schwieriger ist es, Steuern (und Sozialabgaben) zu überwälzen. In dem Maße wie sie bei den Steuerzahlern hängen bleiben, werden Erträge, Gewinne und Einkommen tangiert, sie bilden sich zurück. Wird dabei eine Mindest-Schwelle der Eigenfinanzierung unterschritten, so bleibt dies nicht ohne negative Auswirkungen auf die Investitionen! Vor allem in Zeiten

beschleunigten technologischen Wandels, wie er seit zehn Jahren im Gange ist, gibt die Eigenfinanzierung oft den Ausschlag, ob risikoreiche Investitionen durchgeführt werden können oder nicht. Je mehr sie unter die Räder einer wachstumsfeindlichen Steuerpolitik geraten, desto schlechter sind die Aussichten für das wirtschaftliche Wachstum. Der Steuerstaat gerät in doppelter Hinsicht unter ständigen – oder gar wachsenden – Druck: Zum einen entwickeln sich die Steuereinnahmen unterproportional, zum anderen nimmt der »Bedarf« an Subventionen und Steuervergünstigungen zu.

Der Steuerstaat hat jene Grenzen, die ihm jeweils bestimmte Gruppen von Steuerzahlern ziehen wollen, mißachtet und nach oben durchstoßen. Negative Auswirkungen konnten daher nicht ausbleiben, sie sind inzwischen sicht- und fühlbar geworden. Die Steuermoral läßt nach, den Informierten bieten sich zahlreiche Möglichkeiten, sich legal zu entlasten. Immer mehr Steuerzahler weichen auch ins Ausland aus. Die Steuerhinterziehung ist auf dem Vormarsch. In der wachsenden Schattenwirtschaft gibt es eine Reihe legaler und illegaler Aktivitäten: Sie werden so oder anders nicht registriert, der Steuer- und Sozialstaat geht entsprechend leer aus. Und nicht zuletzt: Die finanziellen Anreize für die Leistungs-, Risiko- und Investitionsbereitschaft stimmen nicht mehr, darunter leidet der technische Fortschritt. Das alles kann nur eine Wirkung haben: Die so betroffenen Volkswirtschaften altern, ihre Leistungsfähigkeit läßt nach, doch das schlägt sich negativ auf die Steuereinnahmen nieder: Sie wachsen unterproportional zum

Finanzbedarf und sind auf dem Weg der Schrumpfung: Der Steuerstaat sieht sich mit – wachsenden – strukturellen Defiziten konfrontiert!
Um seine eigenen Grundlagen nicht weiter zu zerstören, sind Steuerentlastungen zur Revitalisierung der Wirtschaft überfällig, doch: Sie sind mit Einnahmenausfällen verbunden! Erst mittel- und langfristig haben sie Aussicht, über die Belebung der Anreize der wirtschaftlichen Tätigkeit mehr Einnahmen zu erzeugen. In dem Maße wie der Steuerstaat aber nicht fähig ist, seine Ausgaben massiv zu kürzen, hat er keine Aussicht, aus den roten Zahlen herauszukommen. Rang er sich zu Ausgabensenkungen durch, so verschonte er dabei die Konsumausgaben und setzte den Rotstift bei den Investitionen in die Infrastruktur an: Damit verschlechtert er die Vorbedingungen des wirtschaftlichen Wachstums. Doch das ist wiederum nachteilig für die Steuereinnahmen. Man mag es drehen oder wenden wie man will: Der Steuerstaat befindet sich weiterhin in einem selbstzerstörerischen Teufelskreis. Macht er steuerlich das, was angezeigt ist, nämlich die Steuern zu senken, so erzeugt er Defizite. Diese sind ein Wechsel auf die Zukunft, denn es kommen unvermeidlich mehr Zinsen auf ihn zu, sein finanzieller Handlungsspielraum nimmt entsprechend ab!
Doch je größer die Finanzierungsprobleme geworden sind, desto massiver müßten Staatausgaben abgebaut werden. Aber derartige »Roßkuren« mutet man niemandem mehr zu. Es könnten nur kleine Schritte gemacht werden! Doch diese reichen nicht aus, um die Defizite innerhalb nützlicher Zeit ausrei-

chend zu senken. Aber je weiter die Erosion der Grundlagen des Steuerstaates fortgeschritten ist, desto größer wird die Versuchung, sich erneut mit Sondersteuern zu Lasten der vermögenden Schichten und der hohen Einkommen ein Alibi zu verschaffen, man kämpfe entschieden gegen die Krise des Steuerstaates an. Derart kommt man nicht aus ihr heraus, der richtige Weg führt nur über den Abbau der konsumtiven Staatsausgaben. Solange die Schlankheitskurs des Steuer- und Wohlfahrtsstaates ausbleibt, kann es nur eines geben: Die Schuldenwirtschaft geht – bis zum bitteren Ende – weiter.

Der Schuldenstaat beutet künftige Generationen aus

Schuldenmachen ist ein bequemer Weg, um Staatsausgaben zu finanzieren. Nichts ist beliebter, als auf »Pump« zu leben. Solange das möglich ist, braucht der Steuerstaat bei seinen Ausgaben keine Konsequenzen zu ziehen. Er entzieht sich aber seiner Verantwortung gegenüber künftigen Generationen. Das ist die gesicherte und einhellige Meinung innerhalb und außerhalb der Finanzwissenschaft. Die Grundsätze der öffentlichen Verschuldung sind nämlich unbestritten, es gibt demnach klare und operable Richtlinien für die Schuldenpolitik des Staates:

1. Die aktuelle Krise des Steuerstaates ist zwar nicht durch kriegsbedingte Ausgaben verursacht, doch ist in Erinnerung zu rufen: Vermag ein Land einen – ihm aufgedrängten – Krieg zwecks Verteidigung seiner Selbständigkeit und Unabhängigkeit erfolgreich zu führen, so profitieren davon auch künftige Generationen: Sie können in Freiheit leben, die materiellen Grundlagen wurden erhalten. Daher ist es richtig, daß sie über Zinsen und Tilgungen zur Finanzierung der Verteidigungsausgaben beitragen. Solche

Kriegsausgaben dürfen also mit Kredit finanziert werden!
Nicht zu beneiden ist die Lage jener Länder, die einen – nicht zu rechtfertigenden – Offensivkrieg führen und diesen verlieren: Sie hinterlassen künftigen Generationen in der Regel enorme Schulden, eben ohne Gegenwerte. Sie werden sozusagen dazu verurteilt, für Ausgaben aufzukommen, die sie zum einen nicht selbst beschlossen und die zum anderen für sie nutzlos waren und sind. In einer solchen Situation kann es angezeigt sein, daß der Staat sich nach dem Krieg faktisch Bankrott erklärt, um sich so seiner Schulden zu entledigen. Dies kann er allerdings in der Regel nur im Falle der Inlandsschulden tun, die anderen muß er verzinsen und tilgen, wenn die Schuldner die entsprechende Macht haben!
Es darf nicht ausgeschlossen werden: Ist es während einer vorübergehenden Periode – existenziell – notwendig, einen Sprung in der (Abwehr-)Rüstung zu machen, um so den technologischen Anschluß nicht zu verpassen und dadurch später Chancen auf die Selbst-Verteidigung zu haben, so gilt das Argument: Die jetzigen Anstrengungen nützen auch und vor allem künftigen Generationen, da ihre äußere Sicherheit auf dem Spiel steht. Im Ausmaß der zusätzlichen Verteidigungsanstrengungen ist es folgerichtig und erlaubt, solche Ausgaben mit Kredit zu finanzieren. Allerdings: Sind solche Ausgabenspitzen überwunden, so muß unverzüglich zur Steuerfinanzierung zurückgekehrt werden.

2. Völlig unbestritten ist die Kreditfinanzierung von rentablen Investitionen. Sie werfen Erträge ab, die in der Regel ausreichen, um die Zinsen zu bezahlen und entsprechend der Lebensdauer der Anlagen zu tilgen. Baut der Staat z. B. ein Kraftwerk, so kann er Strom verkaufen, der Schuldendienst ist gesichert. Hier kann man lediglich einwenden, der Staat solle solche Investitionen nicht bei Vollbeschäftigung forcieren, damit er die Konjunktur nicht unnötig anheize.

3. Nun gibt es auch ein »Lehrbuch-Verhalten« der staatlichen Verschuldungspolitik, das erwünscht ist: In Rezessionen darf sich die öffentliche Hand für Investitionen in die Infrastruktur und für Beschaffungsausgaben verschulden. Das hat einen günstigen Auslastungs- und Beschäftigungseffekt! Im konjunkturellen Aufschwung fährt der Staat seine – entsprechenden – Ausgaben zurück. Da die Steuereinnahmen nun zunehmen, ergeben sich – weitgehend – automatisch Budget-Überschüsse: Diese verwendet er zur Tilgung der Schulden aus der Rezession. Wird diese antizyklische Finanzierungspolitik konsequent durchgeführt, so ist der Staat – im Idealfall – jeweils am Ende eines Konjunkturzyklus wieder schuldenfrei!

Diese kompensatorische Finanzpolitik kam in den 1930er Jahren auf, sie wurde als richtig und wichtig begrüßt, doch: Dem Staat ist es bisher nur gelungen, sich in Rezessionen zu verschulden, Überschüsse konnte er kaum verwirklichen. Das Ergebnis: Die

Staatsschulden nahmen mit Ausnahme der Zeit permanenter Hochkonjunktur bis Anfang der 1970er Jahre zu! Und seit über 15 Jahren werden nur noch – mehr oder weniger große – Defizite realisiert: Sie sind nicht mehr konjunktureller, sondern struktureller Natur. Anders ausgedrückt: Im konjunkturellen Aufschwung gehen sie nicht zurück und verschwinden nicht bei Vollbeschäftigung: Sie haben eben dauerhaften, d. h. strukturellen Charakter: Die Staatsausgaben wachsen seit Anfang der siebziger Jahre im Trend rascher als die ordentlichen Einnahmen: Defizite sind eine Dauererscheinung geworden: Von nicht wenigen werden sie inzwischen sogar als normal empfunden!
Sieht man die öffentliche Schuld nicht als Ausnahmeerscheinung in Kriegszeiten oder zur Ankurbelung der Konjunktur, so interessieren schwergewichtig zwei Aspekte: Zum einen geht es auch hier um Gerechtigkeit: Die Finanzierungslasten des Staates sind entsprechend auf die verschiedenen Generationen zu verteilen. Zum anderen darf man nie vergessen: Verschuldet sich der Steuerstaat weiter, ohne Tilgungen vorzunehmen, so bewegt er sich auf seine Zahlungsunfähigkeit zu! Es ist einfach eine Frage der Zeit, wenn er bankrott ist. Spätestens dann wird der Letzte vom Politikversagen überzeugt sein. Es gibt kein Wenn und Aber mehr, der Staat ist am Ende!
Nach einer landläufigen Argumentation darf sich der Staat für seine Investitionen insbesondere in die Infrastruktur verschulden. Die Privatwirtschaft nehme schließlich auch Kredit für ihre Investitionen auf. Im weiteren würden den heutigen Aufwendun-

gen später volkswirtschaftliche Erträge entsprechen. Man spricht hier von der Umwegrentabilität! Die Infrastruktur ist Vorbedingung wirtschaftlichen Wachstums, mit seinen Investitionen betreibt der Staat also Wachstumsförderung. Die Steuereinnahmen sind – wachstumsbedingt – höher. Mit ihnen kann er die Schulden verzinsen und tilgen. Jene, die künftige Steuern bezahlen, um den Schuldendienst zu sichern, ziehen einen Nutzen aus den öffentlichen Investitionen der Gegenwart. In diesem Ausmaß liegt eine Art von Leistung und Gegenleistung vor. Soweit so gut!

Nun ist es nicht zu übersehen: Die jetzige Generation profitiert auch von Investitionen in die Infrastruktur aus der Vergangenheit. Wir fahren auf Autobahnen, die vor Jahrzehnten erstellt wurden. Wir besuchen Schulen, die noch älter sind und lassen uns in Krankenhäusern pflegen, die sogar aus der Zeit vor dem Ersten Weltkrieg stammen. Kurz gesagt: Die jetzige Generation zieht erheblichen Nutzen aus den Anstrengungen früherer Generationen. Selbstverständlich ist der Altersaufbau der Infrastruktur zu berücksichtigen, denn dieser bestimmt weitgehend die Ersatzinvestitionen und die Ausgaben für den Unterhalt.

Berücksichtigt man Vergangenheit und Zukunft, so geht es um ein ausgewogenes Verhältnis: Fließen die Nutzen aus Investitionen über die Generationen hinweg (relativ) kontinuierlich, so leistet die laufende Generation nur soviel für die Infrastruktur wie sie »geerbt« hat. In diesem Fall darf sie ihre Infrastrukturausgaben nicht mit Krediten finanzieren. Ange-

zeigt ist eine volle steuerliche Finanzierung auch der öffentlichen Investitionen. In grober Vereinfachung kann man diese Aussage wie folgt operationalisieren: Ist der Anteil der öffentlichen Investitionen am Volkseinkommen über die Zeit hinweg annähernd konstant, so entfällt das Verschuldungsargument. Niemand bestreitet, daß es auch auf die Struktur und Produktivität der öffentlichen Investitionen ankommt, wie die Nutzen verlaufen und das wirtschaftliche Wachstum beeinflußt wird, doch: Ohne eine solche Faustregel, die verfassungsrechtlich zu verankern ist, kann der staatlichen Verschuldungspolitik kaum Einhalt geboten werden.
Nun ist bekannt: Seit Anfang der siebziger Jahre nimmt der Anteil der öffentlichen Investitionen an den Gesamtausgaben des Staates und am Volkseinkommen ab. Trotzdem hat sich der Staat permanent verschuldet. Die Generation der siebziger und achtziger Jahre lebt also zu Lasten der Zukunft, sie beutet künftige Generationen aus: Diese erben Schulden, denen kein Gegenwert der Infrastruktur entspricht. Doch die jetzige Generation will den Gürtel einfach nicht enger schnallen, der Wohlfahrtsstaat hat sie so verwöhnt, daß sie dazu nicht imstande ist. Zwar wurde kaum je soviel über Gerechtigkeit und Zukunft diskutiert, zu den entsprechenden Konsequenzen sind offenbar am wenigsten jene bereit, die für mehr Gerechtigkeit und eine bessere Zukunft eintreten: Sie zwingen den Steuerstaat, sich zu verschulden ohne entsprechende Zukunftswerte zu schaffen.
Zahlreiche Wohlfahrtsstaaten verschulden sich läng-

stens über die öffentlichen Investitionen hinaus: Sie sind nicht mehr imstande, die laufenden (konsumtiven) Ausgaben mit Steuern und anderen ordentlichen Einnahmen zu finanzieren. Doch laufende Ausgaben haben meist konsumtiven Charakter, sie schaffen keine Gegenwerte über die Budgetperiode hinaus: Sie dienen eben dem Konsum, nicht der Schaffung langfristiger Grundlagen insbesondere in der Infrastruktur. Daher schaden sie der langfristigen Wirtschaftsentwicklung: Es kommt nicht zu einem wachstumsbedingten Mehr an Steuereinnahmen. Jene, die in die Finanzierung des Schuldendienstes eingespannt werden, erleiden entsprechende Netto-Verluste.

Doch es war schon immer so: Künftige Generationen haben kein Stimm- und Wahlrecht, sie sind zum Teil noch gar nicht geboren. Der verschuldete Steuerstaat kann mit ihnen, zumindest vorläufig, noch ungestraft umgehen, sie ausbeuten. So verantwortungslos dies auch sein mag: Eine Besserung ist leider nicht in Sicht. Zum Abbau der Defizite scheiden Steuern, da sie bereits zu hoch sind, grundsätzlich aus. Doch das genügt nicht: Sie müssen massiv herunter, soll das Wirtschaftssystem revitalisiert werden, um endlich jene Ergebnisse zu bringen, auf die der Steuerstaat – und nicht nur er – dringend angewiesen ist. Wachstumsbedingte Mehr-Einnahmen! Steuerentlastungen schlagen Löcher in die Staatskassen, die mittelfristig sich nicht von selbst stopfen. Hohe – und wieder steigende – Defizite erscheinen unausweichlich. Sie sind wohlfahrts- und strukturell bedingt: Es gibt nur einen Weg, um sie zu senken und zu beseitigen:

Abbau der konsumtiven Staatsausgaben. Daran führt – für wen auch immer – kein Weg vorbei. Doch zumindest vorläufig wird er gemieden. Der Steuerstaat und jene, die ihn gestalten, wagen es nicht, sich unpopulär zu machen.
Das verantwortungslose Finanzgebaren des Steuerstaates geht weiter, seine Krise ist noch nicht groß genug, um eine Wende zu erzwingen. Mahnungen über die drohende Zahlungsunfähigkeit werden in den Wind geschlagen. Der Count-Down hat aber schon da und dort begonnen. Doch die Bereitschaft für eine gründliche Schlankheitskur des Steuerstaates ist noch nicht vorhanden.

Staatsbankrotte in Sicht!

In den letzten Jahren wurde intensiv über das Phänomen des Staatsbankrotts diskutiert. Es geht dabei nicht so sehr um Definitionen, sondern vielmehr um faktische Entwicklungen. Unabhängig von den Fakten, können sich Staaten weigern, Zinsen zu zahlen und Schulden zu tilgen. Die Gläubiger stehen vor vollendeten Tatsachen, der Staat gibt aber nicht zu, bankrott zu sein. In dieser Beziehung hat er zahlreiche Spielarten entwickelt: Bankrotte können zunächst weitgehend versteckt abgewickelt werden, bevor sie von den Gläubigern und der Öffentlichkeit bemerkt werden. Erst hier vollzieht sich der Übergang zum offenen Bankrott, der Zahlungsunfähigkeit. Die Weigerung, sich offiziell als zahlungsunfähig zu erklären und Schulden nicht weiter anzuerkennen und zu tilgen, ist nicht nur auf das Unvermögen der Politiker zurückzuführen, ihr endgültiges Versagen einzugestehen. Es hat den Vorteil, sich einen minimalen Handlungsspielraum in der Schuldenfrage zu sichern. Zwar gibt es keinen Ausweg mehr, wenn der point-of-no-return erreicht ist: Man kann aber Bankrott auf verschiedene Art und Weise machen:

So ist dieser in Raten möglich, die Folgen sind für die Betroffenen sehr unterschiedlich. Sie haben je nach ihrem Informationsstand noch Chancen zu entkommen und dabei andere in den Strudel hineinzuziehen. Es ist – so gesehen – in der Tat nicht gleich, wie der Staat bankrott macht: Das Unvermeidliche kann so oder anders über die Bühne gehen.
Der Staatsbankrott nimmt einen typischen Verlauf, seine Anatomie ist an sich bekannt. Daraus kann der Staat selbst am meisten lernen, nämlich seine Zahlungsunfähigkeit zu vermeiden und ein akzeptabler Schuldner zu bleiben. Ist er dazu nicht fähig, so ist es für jene nützlich, die Varianten des Staatsbankrottes zu kennen, die sich gegen seine Folgen schützen wollen. Und schließlich gibt es in der letzten Verzweiflung noch einen Trost: Der Staat macht zwar bankrott, er verschwindet aber nicht von der Erdoberfläche. Es hat immer wieder von Neuem begonnen: Wer hier über Startkapital verfügt und es zu nutzen weiß, der ist bevorzugt.
Über die Grenzen der Staatsverschuldung wurde viel geforscht und geschrieben. Man befindet sich hier auf relativ sicherem Boden, denn: Der Schuldenstaat konnte über Jahrhunderte systematisch analysiert werden. Man ist nicht auf Vermutungen angewiesen, die harten Fakten können aufgetischt werden. Jeder Staatsbankrott hat einen Anfang und ein – bitteres – Ende. Beginnen wir nun mit der Karriere des Schuldenstaates:

1. Hält der Staat sich an die goldene Regel »Schulden nur für rentable Investitionen«, so gerät er nicht in

Gefahr. Er verfügt aus solchen Investitionen über Erträge, die in der Regel ausreichen, um die Zinsen zu zahlen und die Schulden entsprechend der Lebensdauer der Anlagen zu tilgen. Immerhin ist zu beachten: Die Preise, Gebühren oder Tarife müssen kostendeckend unter Einschluß der Schuldendienste sein! Verbilligt er sie – aus welchen Gründen auch immer – und stellen sich Defizite ein, so ist bereits ein entscheidender – falscher – Schritt getan. Es werden Subventionen an defizitäre öffentliche Betriebe und Unternehmen erforderlich. Erfahrungsgemäß konnten solche Vergünstigungen – wenn überhaupt – nur im Extremfall der Nicht-Finanzierbarkeit rückgängig gemacht werden.

2. Als wachstumsfördernd werden auch die Investitionen in die Infrastruktur erklärt: Man spricht von der Umwegrentabilität: Sie werfen keine direkten Erträge, wie die rentablen Investitionen, ab, da sie aber das wirtschaftliche Wachstum ermöglichen oder beschleunigen, erzeugen sie Steuereinnahmen: Diese können für den Schuldendienst verwendet werden: Er ist entsprechend abgesichert. Aber auch hier werden Grenzen überschritten: Handelt es sich nicht um zusätzliche Investitionen in die Infrastruktur, die sozusagen nicht über ihren langfristigen Anteil am Volkseinkommen hinausgehen, so werden künftige Generationen finanziell belastet, ohne über einen entsprechenden Zusatznutzen zu verfügen. Dafür typisch ist die Periode ab Anfang der siebziger Jahre!

3. Es versteht sich von selbst: Ob der Staat sich für investive oder konsumtive Ausgaben verschuldet, ist ein entscheidender Unterschied: Baut er zukunftsgerechte Verkehrsträger aus oder gibt er Geld für die konsumtive Infrastruktur, wie z. B. Theater, Opernhäuser, Sportanlagen oder Museen, aus, so ist die Volkswirtschaft entsprechend unterschiedlich betroffen: Im ersten Fall wird die privatwirtschaftliche Entwicklung, im zweiten Fall der Konsum gefördert. Es kommt hinzu: Die konsumtive Infrastruktur ist in der Regel defizitär. Sie verschlingt Steuergelder in Form von Subventionen.

4. In fortgeschrittenem Stadium des Wohlfahrtsstaates überschreitet die Verschuldung auch die öffentlichen Investitionen. Der Steuerstaat verschuldet sich nun auch, um seine Beamten und Angestellten zu bezahlen, Subventionen an Unternehmen und Sozialtransfers an private Haushalte zu finanzieren. Dabei handelt es sich weitgehend um Konsumausgaben. Die volkswirtschaftliche Leistungsfähigkeit läßt nach, die Verschuldung nimmt jedoch laufend für unproduktive Zwecke zu. Spätestens hier gilt: Der Wohlfahrtsstaat lebt auf Pump, um sich mit Konsumausgaben beliebt zu machen. Er treibt nun beschleunigt auf finanzielle Engpässe zu.

5. Wenn sozusagen alle Stricke reißen, kann sich der Staat auch noch verschulden, um die Zinsen auf seine Schulden zu bezahlen. Damit kann er seinen finanziellen Kollaps noch möglicherweise um Jahre, nicht aber Jahrzehnte hinausschieben. Doch nicht erst hier

stellt sich die Frage: Wo, wie und in welchem Umfange vermag er sich noch zu verschulden? Jemand muß es ihm ermöglichen, neue Kredite aufzunehmen. Sonst würde er an Grenzen stoßen und müßte sich anders finanzieren oder die Zahlungsunfähigkeit erklären.

Zuerst schöpft jeder Staat jene Möglichkeiten aus, die sich ihm zur Verschuldung im Inland bieten. Das Volumen ist je nach dem wirtschaftlichen Entwicklungsstand und der Spartätigkeit sehr unterschiedlich. Eines ist nicht zu übersehen: Je mehr der Steuerstaat den Wachstumsprozeß u. a. mit zu hohen Steuern beeinträchtigt, desto geringer ist das interne Verschuldungspotential: Eine – rasch – wachsende Wirtschaft gibt in dieser Beziehung mehr her als eine stagnierende oder gar schrumpfende. Nachhelfen kann der Staat durch seine Vorschriften für die institutionellen Anleger, so für Pensionskassen und Versicherungen. Im Extremfall verbietet er ausländische Anlagen, er läßt nur in inländische Immobilien, Hypotheken und Staatspapiere investieren. Hier kann er das obligatorische Sparen fördern, um so noch mehr für sich abzuzweigen. Je mehr solche Ersparnisse steuerlich absetzbar sind, desto größer sind aber die Steuerausfälle. Und nicht zuletzt: Sind die Sparer und Anleger nicht willig, so braucht der Steuerstaat Gewalt: Er verordnet den Kauf von Staatsanleihen und nimmt zum Zwangskredit Zuflucht. Das allerdings in der Regel nur in einer extremen Phase der Verschuldung!
Weicht der Schuldenstaat ins Ausland aus, um seine

Verschuldung fortsetzen zu können, so ist das ein Warnsignal! Tun es Entwicklungsländer, die keinen internen Kapitalmarkt haben und Investitionen nur über Auslandskredite finanzieren können, so ist das verständlich und auch notwendig, doch: Verschulden sich Industrieländer im Ausland, so hat dies ganz bestimmte Gründe, die für sie symptomatisch und entsprechend als wohlfahrtsstaatliche Schwäche anzusehen sind!

1. Die Auslandsverschuldung macht es möglich, eine interne Wohlfahrts- und Defizitpolitik fortzusetzen. Die Defizite stammen nicht zuletzt von Subventionen an nicht konkurrenzfähige Unternehmen und Branchen. Auch die öffentlichen Betriebe arbeiten hochdefizitär. Im weiteren werden Löcher bei den Trägern der sozialen Sicherheit gestopft, um diese von Kürzungen zu bewahren. Und sind es Investitionen, so haben sie fraglichen Charakter: Sie werden öfters in Branchen getätigt, die keine Zukunft haben. Hohe Folgekosten und verbilligte Preise und Tarife produzieren auch hier Defizite. Der Staat verschuldet sich – im Ausland – für »Fässer ohne Boden«! Man kann daher nur betonen: Wer es nötig hat, sich außerhalb des Landes zu verschulden, dem sollte man keinen Kredit geben. Man ermöglicht ihm die Fortsetzung seiner Wohlfahrtspolitik: Die Ausländer finanzieren den – internen – Staatskonsum!

2. Als Schuldner treten auch Institutionen auf, die der heimischen Wirtschaft im Rahmen der Exportförderung u. a. langfristige Kredite zu niedrigen oder gar

keinen Zinsen geben. Doch darauf sind wiederum jene Unternehmen und Branchen angewiesen, die nicht konkurrenzfähig sind. Hier und anderswo werden über die Verschuldung überholte Strukturen erhalten: Das schwächt die volkswirtschaftliche Leistungsfähigkeit, es tut sich ein Teufelskreis auf: Je mehr die Auslandsverschuldung ihr Los erleichtert, desto weniger erneuern sie sich und sind immer mehr auf Finanzspritzen angewiesen.

3. Eine sinkende internationale Konkurrenzfähigkeit, die im wesentlichen von den wohlfahrtsstaatlichen Belastungen stammt, macht periodische Abwertungen erforderlich: Sie erleichtern jeweils vorübergehend das Los der heimischen (Export-) Wirtschaft, doch: Solche konjunkturellen Aufhellungen werden nicht dazu genutzt, defizitäre Staatshaushalte und -unternehmen zu sanieren. Im Gegenteil: Es kommt zu Erhöhungen von Löhnen, Gehältern und Sozialleistungen in Privat- und Staatswirtschaft, dies nicht zuletzt auf Betreiben jener Gewerkschaften, die sanierungswillige Regierungen weitgehend im Griff haben. So wird der abwertungsbedingte Vorrat aufgebraucht, die Exportwirtschaft gerät unter Druck: Das Lied beginnt von neuem: Doch in dem Maße wie sich die eigene Währung entwertet, nimmt die Last der Auslandsschulden – in Hartwährungen – zu. Diese negativen Effekte können nur die Amerikaner vermeiden, sie können sich in eigener Währung verschulden. Die anderen Schuldnerländer setzen sich aber immer mehr ausländischen Kräften aus!

4. Auf Dauer läßt es sich nicht vermeiden: Die Bonität als (Auslands-)Schuldner läßt nach. Das erfordert höhere Zinsen um die Verschuldung fortsetzen zu können. Spätestens hier beginnt die Zinses-Zins-Formel zum Alptraum zu werden. Allein die geschuldeten Zinsen verdoppeln die Schuldnerlasten – ohne Neukredite – innerhalb von wenigen Jahren. Hier kann man sozusagen den letzten Versuch unternehmen und sich in Null-Prozenten – Zero-Bonds – verschulden, um keine Zinslasten zu haben. Man hofft, bis zur Fälligkeit im nächsten Jahrhundert habe die Inflation die Schulden entwertet. Das ist ein Wink mit dem Zaunpfahl, worauf gesetzt wird! Doch die Käufer fallen immer wieder auf die Verlockungen des Schuldenstaates herein und ermöglichen es ihm, seine Politik fortzusetzen. Immerhin wird es schwieriger und auch unmöglich, sich langfristig zu verschulden: Man ist zufrieden, noch kurzfristige Kredite zu erhalten. Das verändert die Struktur der Schulden in gefährlicher Art und Weise: Die Fälligkeiten nahen nun im Eilzugstempo. Doch bereits zuvor dachte kaum jemand mehr an Tilgungen, man war und ist lediglich bestrebt, alte durch neue Schulden zu ersetzen und letztere zu erhöhen. In dieser Phase sind die meisten Industrieländer angelangt, von den Entwicklungsländern ist dabei gar nicht mehr die Rede. Doch in absehbarer Zeit ist auch dieses Spiel zu Ende, die erste Stufe des Staatsbankrottes naht, sie ist unausweichlich geworden.

Kann man alte nicht mehr durch neue Schulden ersetzen, so müßte man anfangen zu tilgen. Womit, das ist die Frage? Der Staat könnte inländische Vermögenswerte veräußern, sofern er noch über solche verfügt. Das ist oft nicht mehr der Fall. Er kann im weiteren Sondersteuern erheben, die an die Substanz der Privaten geht, sozusagen ein letzter Raubzug auf jene, die noch etwas haben. Schafft er es so nicht, dann sieht er sich gezwungen, das zu tun, was er stets vermeiden wollte. Den Gürtel enger schnallen. Das geschieht über den Abbau von Staatsleistungen, so baut er die Defizite ab. Ist er gewillt, jene Austerity-Politik zu betreiben, welche die Schuldner erwarten und fordern, so willigen diese nicht selten in eine Verschiebung der Tilgung ein. Sie schulden um! Das ist in den letzten Jahren im großen Stile geschehen und zwar gegenüber Entwicklungs- und Ostblockländern! Es wurde darauf verzichtet, die offizielle Erklärung von Staatsbankrotten zu erzwingen. Die Probleme wurden zwar nicht dauerhaft gelöst, sie konnten aber vertagt werden. Man darf wieder aufatmen, eine Kette von Staatsbankrotten ließ sich im letzten Moment abwenden.

Gefährlicher wird es, wenn die geschuldeten Zinsen auf – äußere – Staatsschulden nicht mehr bezahlt werden können. Je mehr der Staat sich verschuldet, desto rascher nimmt der Anteil an den laufenden Einnahmen, insbesondere den Steuern, zu. Es versteht sich von selbst: Hohe Zinsen, wie seit Ende der siebziger Jahre, beschleunigen diese Entwicklung. Es gibt eine Reihe von Industrieländern, in denen bis zu einem Drittel der Steuern durch Zinsen absorbiert werden. Ihr finanzieller Handlungsspielraum ist entsprechend kleiner geworden. Um diesen zu erweitern, verschuldet man sich nach Möglichkeit neu.

Doch das macht den Tag, an dem die Zinsen nicht mehr bezahlt werden können, wahrscheinlicher. Bei solchen Engpässen sind die Schuldner meistens großzügig: Sie verlangen nicht die offizielle Bankrotterklärung und bieten Hand zu Regelungen, in der Hoffnung, noch Schlimmeres zu verhüten. Die Banken geben nicht selten neue Kredite und verrechnen diese mit geschuldeten Zinsen. Dem Publikum, das Anleihen gekauft hat, bleibt nichts anderes übrig als zu warten. Kommt Zeit, kommt Rat: Es kann sich derweil mit dem Gedanken vertraut machen, daß die Tilgungen ausbleiben und letztlich alles verloren ist: Man findet sich damit ab.
Nicht erst heute ist es üblich, daß Zentralbanken und nötigenfalls ausländische Staaten mit Liquiditätsspritzen einspringen, um Schuldenprobleme in Raten zu lösen: Großbanken kann man nämlich nicht bankrott gehen lassen, denn das hätte verheerende Auswirkungen auf einzelne Länder und die Weltwirtschaft: Sie würden in eine tiefe Depression gestürzt: Um das zu vermeiden, wird man künftig alles unternehmen: Man gibt neue Kredite oder anders ausgedrückt, es wird neues Geld in jene Länder gepumpt, die zahlungsunfähig geworden sind. In der Regel sind es Dollars, welche die monetäre Nachfrage weltweit aufblähen, jedoch wirtschaftlich weitgehend ins Leere stoßen. Die Inflation ist uns auf Dauer gewiß, sofern der Dollarberg – und nicht nur dieser – nicht abgebaut wird. Doch gerade dies gilt als ausgeschlossen!
Der Handlungsspielraum wird enger, wenn eine wachsende Zahl von Schuldnern dazu übergeht, Zin-

sen und Tilgungen nur noch als Prozentsatz der Netto-Export-Erlöse zu zahlen bzw. vorzunehmen. Dies ist sogar verständlich und jedenfalls besser als nichts, doch: Je schlechter es diesen Ländern geht und je länger Preissteigerungen für Rohstoffe und Energieträger auf sich warten lassen, desto weniger steht für den – äußeren – Schuldendienst zur Verfügung. Jene, die nicht über reiche Rohstoff- und Energiequellen verfügen, haben ohnehin keine Aussicht, je zu tilgen und die Zinsen ordnungsgemäß zu bezahlen: Sie müssen sich weiter verschulden, um dem Kollaps jetzt zu entgehen. Doch auf Dauer sind sie chancenlos. Der Zahlungsunfähigkeit können sie nicht mehr entrinnen, es ist eben schon (viel) zu spät!

Auslandsschulden kann man dadurch vernichten, daß man den Mut aufbringt, offiziell staatsbankrott zu erklären. Daran ist letztlich kaum jemand interessiert, die Gläubiger jedenfalls nicht. Prellt ein Land vor, so werden andere folgen: Die Kettenreaktion ist da, sie kann außer Kontrolle geraten. Deshalb muß das Schuldenproblem allmählich und richtig dosiert werden: Man beginnt vorerst stillschweigend abzuschreiben und hat so größere Chancen, wenigstens die Zinsen zu kriegen. Zentralbanken und einzelne Staaten treten allmählich in die Fußstapfen jener, die in gefährlichem Ausmaße notleidende Kredite haben. Und sollte das Maß voll sein, so wird es wie auch schon früher, eine internationale Konferenz geben: Dort verhandelt man über Schuldenmoratorien und einigt sich auf jene Modalitäten, die es einem erlauben zu vergessen, an wen man wieviel

Kredit zu welchen Bedingungen gegeben hat. So verwandelt sich das Ganze in eine Entwicklungshilfe gigantischen Ausmaßes. Das ist jedenfalls im Falle jener Entwicklungsländer mit Sicherheit zu erwarten, die nicht über reiche Rohstoff- und Energiequellen verfügen.

Warum in die Ferne schweifen? Wir haben um uns herum eine Vielzahl von Industrieländern, die dank ihrer Wohlfahrtspolitik bereits hochverschuldet sind. Die meisten haben Erdöl oder Erdgas gefunden, das ihnen erlaubt, die Wohlfahrtspolitik fortzusetzen und die letzte Chance einer durchgreifenden Sanierung zu nutzen. Sie tilgen nicht erst heute ihre Schulden nicht: Umschulden ist ihre Devise! Noch können sie die Zinsen bezahlen, die Frage ist aber wie lange? Der Count-Down des Staatsbankrotts hat schon begonnen, eine Umkehr ist nicht in Sicht: Die Verschuldung geht weiter. Dabei ist es üblich, von einer »Normalverschuldung« zu sprechen. Im Klartext: Die Dauerverschuldung wird als normal empfunden, man brüstet sich, das Defizit nicht ansteigen zu lassen. Nicht wenige schließen daraus – irrtümlich –, der Staat verschulde sich nicht mehr. Sobald eine Rezession kommt, wird man den Schuldenhahn wieder aufdrehen. Das Schuldenkarussel dreht sich rascher. Von einer Depression gar nicht die Rede: Die Industrieländer würden sich dann in gigantischem Ausmaße verschulden, um ihre Wirtschaft anzukurbeln. Wenn alle Sicherungen durchbrennen und drastische Maßnahmen bei einem faktischen Staatsbankrott unausweichlich geworden sind, spielt sich alles nach bekanntem Muster ab. Üblich ist ein letzter Raubzug auf die privatwirtschaftliche Substanz, es kommt zu »einmaligen« Vermögensabgaben. Jene, die jahrzehntelang vom Wohlfahrtsstaat profitiert und den Staatsbankrott mitverschuldet haben, fordern von jenen, die Vermögen angespart haben, Solidarität! Das wird mühelos als sozial verkauft, es ist nichts anderes als Ausbeutung jener, die selbstverantwortlich gehandelt haben. Doch soviel Vermögen gibt es gar nicht mehr, um den Hunger des Staates zu stillen. Er wird seinen inländischen Gläubigern erklären: Ihre Forderungen können sie »in den Kamin schreiben«. Sie verlieren auf einen Schlag insbesondere jene Staatsanleihen, die sie als »mündelsicher« gezeichnet oder gekauft haben: Sie machen also bankrott, nicht der Staat, der sich anschickt, von neuem zu beginnen.

Die perfideste Art, sich der Staatsschulden zu entledigen, ist die Erzeugung einer Superinflation. Der Staat dreht den Geldhahn auf, um sich grenzenlos zu finanzieren. So braucht er keine Konsequenzen zu ziehen, noch muß niemand den Gürtel enger schnallen. Doch über die Beschleunigung der Inflation vernichtet er systematisch und rasch Geldwerte, insbesondere jene seiner Gläubiger. Die nun galoppierende Inflation zerstört das letzte Vertrauen in die eigene Währung, die Hyperinflation – wie in den 1920er Jahren – ist nicht mehr zu stoppen. Das bittere Ende naht! Dem Staat bleibt nichts anderes übrig, als eine Währungsreform durchzuführen: Wer nur über Geldwerte verfügt, hat alles verloren und erhält – wie jedermann – vom Staat ein kleines Startgeld. Jene, die über Sachwerte verfügen, dürfen darauf Sonder-

steuern bezahlen und sich zum Lastenausgleich bekennen. Sie werden zur Solidarität gezwungen!
In den letzten Jahren wurde intensiv darüber geschrieben und debattiert: »Wann kommt der Staatsbankrott?« Dazu hat nicht unwesentlich das gleichnahmige Buch von P.C. Martin beigetragen. Doch auch innerhalb und außerhalb der Finanzwissenschaft wurde darüber nachgedacht: Es kam zu Szenarien, die zeigten, unter welchen Bedingungen es zum Zusammenbruch der Staatsfinanzen kommt. Nicht selten greift man auf jene Formel zurück, die E.D. Domar 1944 entwickelte, als der Höhepunkt der Schuldenwirtschaft des Zweiten Weltkrieges erreicht war: Solange der Anteil der Staatsschulden am Volkseinkommen konstant bleibt, ist die Gefahr des Bankrotts gebannt! Hier wird unterstellt, daß die Wachstumsrate der Staatsschulden auf Dauer nicht über jener des Brutto-Inlandprodukts liegt. Selbstverständlich spielen auch die Zinsen eine Rolle: Zum einen in ihrer Höhe und zum anderen die Verzinsung der früher eingegangenen Schulden. Ist der Staat gezwungen, Defizite zu machen, um die Folgekosten von Defiziten aus der Vergangenheit zu finanzieren, so kann er es nicht verhindern: Über kurz oder lang steigt der Anteil der Staatsschulden am Brutto-Sozialprodukt. Was nun in welchen Zeiträumen geschieht hat W. Lüftl in »Die Pleite« (zusammen mit P.C. Martin) gezeigt. Bis zu einem bestimmten Punkt ist es im Rahmen einer exakt definierten – rigorosen – Sparpolitik noch möglich, dem Staatsbankrott zu entgehen. Doch darüber hinaus nehmen die Dinge unwiderruflich ihren Lauf.

Je nachdem wie man Staatsbankrotte definiert, gibt es sie nicht erst in den 1980er Jahren. Die Liste jener Schuldner ist lang, die entweder nicht willens oder in der Lage waren, ihre Schulden – wie fällig – zu tilgen! Deshalb kam es zu Umschuldungen. Hier dominieren die Entwicklungs- und Ostblockländer. Doch darüber hinaus, wurden auch Zinszahlungen überfällig. Dieser – höhere – Bankrott wurde mit Krediten überbrückt: Die Schuldner bezahlten daraus die Zinsen. Zu einer offenen Erklärung, man werde die Schulden nicht mehr anerkennen und weder tilgen noch Zinsen zahlen, ist es bisher nicht gekommen. Doch darf es keinen Zweifel geben: In absehbarer Zeit können – faktisch – Staatsbankrotte gar nicht ausbleiben, denn zahlreiche Länder befinden sich jenseits des point-of-no-return. Den offiziellen Ausbruch von Staatsbankrotten wird man solange wie nur möglich verhindern.

Während die Meinungen über die Verschuldung in der Dritten Welt weitgehend gemacht sind, ist der Ernst der Lage in den Industrieländern noch nicht erkannt worden, wenn man von einzelnen Mahnern, die man überhört, absieht. Die Verschuldung geht hier – im Anteil am Volkseinkommen und wachsender Absorbierung der Steuereinnahmen – munter weiter. Kein Land hat einen ausgeglichenen Haushalt, die Auslandsverschuldung ist allgemein üblich. Mit Ausnahme der Schweiz und – mit Abstand – der Bundesrepublik befindet man sich bereits in einem weit fortgeschrittenen Stadium: Die Bundesrepublik verdankt ihre Position dem Neubeginn von 1948! Sie ist aber nicht auf dem Wege, in diesem Jahrhundert

zu einem ausgeglichenen Haushalt zurückzukehren. Der Count-Down hat auch hier schon begonnen! Dem Staatsbankrott dürften nur noch wenige Industrieländer entweichen, wenn sie eine rigorose Austerity-Politik ausschließen. Dazu vermögen sie sich gegenwärtig nicht aufzuraffen, sie befürchten einen wirtschaftlichen Einbruch, der vom Entzug von Staatsausgaben ausgeht und: Soziale und politische Unrast im Wohlfahrtsstaat! Sie sind Gefangene ihrer eigenen Wohlfahrtspolitik geworden. Manche Regierungen können sich darauf berufen, Schulden und Wohlfahrtsstaat geerbt zu haben: Das ist zwar richtig, aber keine Entschuldigung. Handeln müßten sie trotzdem, sie versagen aber vor ihrer historischen Verantwortung, den Staatsbankrott abzuwenden.
In den achtziger Jahren könnten einige günstige Faktoren die Lage vorübergehend entspannen. Ein stetiges Wirtschaftswachstum erzeugt mehr Steuereinnahmen und macht es möglich, die Staatsausgaben zu bremsen. Die Zinsen müssen zur Entlastung der Schuldner sinken, und deshalb wird man sie senken: Das erleichtert die Zinslast! Die institutionellen Anleger, insbesondere Pensionskassen und Versicherungen, verfügen über enorme Mittel, die ihnen nicht zuletzt aufgrund staatlicher Obligatorien zufließen: Sie haben eine Vorliebe für Anleihen öffentlicher Körperschaften in der Überzeugung: Diese bürgen für Sicherheit, der Staat kann und darf uns nicht im Stich lassen. Neue Kredite an jene, die faktisch bankrott sind, machen es möglich, Zinszahlungen zu finanzieren. Und schließlich werden die Exporte durch Kredite angekurbelt. Die Ertragsbilanzen ver-

schiedener Entwicklungsländer haben sich fühlbar gebessert. Und nicht zuletzt: Mittelfristig besteht Hoffnung auf bessere Rohstoff- und Energiepreise. Diesen Ländern fließen mehr Devisen zu, sie können bei uns kaufen, verzinsen oder sogar wieder anfangen zu tilgen. Daraus gewinnt man den Eindruck, das dicke Ende stehe in den achtziger Jahren – mit etwas Glück – noch nicht bevor.
So gesehen, wären die Chancen für die Austerity-Politik in den Industrieländern an sich günstig, doch: Man zieht es vor, wieder rosarot zu sehen und (Zweck-)Optimismus zu machen: Wir werden es schaffen, der Staatsbankrott ist gebannt! Dies veranlaßt, die Zügel wieder zu lockern. Die Chancen, die Staatsfinanzen zu sanieren, werden so vertan. In den neunziger Jahren ist es aber soweit: Staatsbankrotte können nicht mehr vermieden werden. Ob sie offiziell oder ohne »Verkündigung« verlaufen, ist von sekundärem Interesse. Die Folgen sind, wie von manchen Autoren beschrieben und sogar in einschlägigen »Handbüchern« nachzulesen ist, verheerend. Doch solche Kost verträgt unsere Zeit nicht: Sie will und kann das nicht wahrhaben, was sie sich selbst eingebrockt hat: Die Unausweichlichkeit von Staatsbankrotten – wohlverstanden – auch in den westlichen Wohlfahrtstaaten.
Es mag geradezu zynisch erscheinen, doch: Ist der Staatsbankrott unvermeidlich geworden, so haben jene Länder, die über ihre Verhältnisse gelebt haben, einen großen Vorteil: Sie mußten den Gürtel nicht enger schnallen, die Zeche bezahlen jene, die ihnen Kredit gegeben haben: Sie wurden entsprechend aus-

gebeutet. Dazu zahlen zahlreiche Sparer, die ihr Vermögen u. a. in vermeintlich sicheren Staatsanleihen anlegten: Sie werden die Geprellten sein! Wer selbst verantwortlich handelte, der ist am Schluß der Dumme! Soweit sind wir im hochverschuldeten Wohlfahrtsstaat gekommen. Daher stellt sich die Frage, ob es überhaupt noch einen Sinn hat, zu einer drastischen Sparpolitik zurückzukehren. Doch über ihre Notwendigkeit darf es keinen Zweifel geben: Die einen würden ihre letzte Chance wahrnehmen und überleben und ihre Sanierung in geordneten Bahnen durchführen: Der Fall ins Nichts wäre so zu vermeiden. Jetzt oder später: Um eine radikale Schlankheitskur wird sich kein Steuerstaat der Welt mehr drücken können!

Schlankheitskur für den Steuerstaat

In den letzten Jahren stießen sämtliche Versuche, die Staatsleistungen abzubauen, auf hartnäckigen Widerstand. Wechselnde Koalitionen der Nutznießer von Staatsleistungen haben gesiegt, jedoch: Die Defizite in den öffentlichen Haushalten konnten bestenfalls stabilisiert, in der Regel aber nicht vermindert werden. Diese Ausgabenpolitik führt auf Dauer in die Zahlungsunfähigkeit und damit in den Staatsbankrott. Ob man es mag oder nicht: Keine Regierung dieser Welt, aus welchen Parteien sie sich auch immer zusammensetzt, kommt um einen anhaltenden und massiven Abbau von Staatsleistungen herum: Je länger sie damit wartet, desto schwieriger wird dieses Unterfangen, denn: Noch gesunde Volkswirtschaften vertragen solche Entzugserscheinungen eher als jene, die sich im Niedergang befinden. Wenn es sinn- und zwecklos ist, sich gegen eine Schlankheitskur des Steuerstaates – aus welchen Gründen auch immer – zu wehren, so ist es wichtig, den Rotstift nach zukunftsgerechten Prioritäten anzusetzen.

Es gibt Grundaufgaben des Staates, an denen nicht

gerüttelt werden darf. Dazu gehören die innere und äußere Sicherheit, das Rechtswesen und die produktive Infrastruktur: Diese ist Vorbedingung der wirtschaftlichen Tätigkeit, auf sie ist die Wirtschaft existenziell angewiesen. Dazu zählen das Verkehrswesen und ein am Bedarf der Wirtschaft ausgerichtetes Erziehungs- und Bildungswesen aller Stufen. Und nicht zuletzt: Der Gesundheitszustand der Bevölkerung ist eine unverzichtbare Voraussetzung für eine leistungsfähige Wirtschaft: In einer Zeit, in der die Staatsausgaben undifferenziert gesehen und gestaltet werden, ist zu betonen: Je mehr sie sich am Bedarf der Wirtschaft orientieren und entsprechend investiven Charakter haben, desto mehr fördern sie die wirtschaftliche Entwicklung: Dieser Wohlstandseffekt kommt allen zu Gute! Steigende Einkommen sind entschieden besser als Unterstützungen, die gewährt werden (müssen), weil die geschwächte Wirtschaft nicht mehr jenes Ergebnis bringt, das sozial erwünscht oder erforderlich ist. Diese Infrastrukturausgaben sind ab Anfang der siebziger Jahre unter die Räder der Sparpolitik geraten. Sie sind in Zukunft nicht abzubauen, sondern massiv aufzustocken!

Im Zuge des Ausbaus des Wohlfahrtsstaates und der Entspannungspolitik wurde (relativ) immer weniger für die äußere Sicherheit getan: Der Anteil der Militärausgaben ist seit Jahrzehnten sowohl an den Gesamtausgaben des Staates als auch am Volkseinkommen rückläufig. Setzt sich dieser Trend fort, so unterschreiten immer mehr Industrieländer jene Mindestschwelle in ihrer Verteidigungsbereitschaft, die erforderlich ist, um sich im Ernstfall konventionell verteidigen zu können: Sie laufen Gefahr, ihre Selbständigkeit und Unabhängigkeit zu verlieren. Nun ist in jeder Verfassung verankert: Die Verteidigung des Landes ist die erste Aufgabe eines jeden Staates. Nimmt man diese ernst, so kann es nur eine Priorität geben, die alle anderen Staatsaufgaben überragt: Die Militärausgaben sind auf jene Höhe zu bringen, welche die volle Wahrnehmung dieser Pflicht erlauben. Wer in dieser Beziehung versagt, gefährdet die staatliche Existenz immer mehr und verliert entsprechend an Glaubwürdigkeit. Das wirkt sich auf Dauer ungünstig auch auf die anderen (Lebens-) Bereiche aus.

Wenn der Staat für bestimmte Aufgaben mehr aufwenden soll, so muß er folgerichtig anderswo entsprechend kürzen, um einen ausgeglichenen Haushalt zu verwirklichen. Hier kann man eine Regel gar nicht genug betonen: Es gilt, konsequent zwischen der Allokation und der (Re-)Distribution zu unterscheiden: Der Staat soll seine vielfältigen Aufgaben ohne Rücksicht auf ihre verteidigungspolitischen Auswirkungen wahrnehmen. Sie werden unter rein wirtschaftlichen Aspekten gelöst. Die Effizienz ist entsprechend groß! Erst anschließend ist der Frage nachzugehen, wo und in welchem Ausmaße verteidigungspolitisch unerwünschte Auswirkungen aufgetreten sind? In dem Maße wie sie bestimmte Kriterien verletzen, sind entsprechende Korrekturen über Geldzahlungen, d. h. Transfers an Unternehmen und private Haushalte vorzunehmen.

Die strikte Trennung des Einsatzes der Ressourcen

von verteilungspolitischen Zielen schafft jene Transparenz, die wir nicht erst heute vermissen: Niemand hat mehr den Überblick über die kaum noch zählbaren und in ihren Gesamtauswirkungen höchst zweifelhaften Auswirkungen einer staatlichen Ausgaben- (und Steuer-)Politik, die uns in die Sackgasse hoher und oft wachsender Defizite geführt hat. Als Ausweg bieten sich zahlreiche Möglichkeiten an, die in den letzten Jahren vor allem außerhalb der Politik intensiv erörtet wurden.

1. Re-Privatisierungen sind im großen Stil möglich und erforderlich: Die Produktion von Gütern, für die es einen Markt gibt, ist keine staatliche Aufgabe. Die Verkehrs-, Versorgungs- und Entsorgungsunternehmen können ohne weiteres privatisiert werden. Handelt es sich hierbei um »natürliche Monopole«, so kann der Staat (Versorgungs- und Verkehrs-) Auflagen machen und die Tarife überwachen. Damit hat man vor allem in den USA gute Erfahrungen gemacht. Die privatisierten Unternehmen versorgen die Konsumenten in jeder Beziehung besser, ihre Entpolitisierung steigert ihre Wirtschaftlichkeit. Je breiter das Aktienkapital gestreut ist, desto mehr nehmen die Benützer Anteil an diesen Unternehmen, so z. B. an den Bahnen, der Post, dem Telephon und den zahlreichen Verkehrsunternehmen; sie identifizieren sich mit ihnen! So entsteht eine »Kapital-Beteiligungs-Demokratie«, die entsprechend Druck und Kontrolle auszuüben vermag. Wir benötigen spektakuläre Re-Privatisierungen, da nur sie vom Bürger und Wähler zur Kenntnis genommen werden.

Sie zeigen den Beginn der neuen Politik, den Kurswechsel an.
Die Möglichkeiten der Re-Privatisierung reichen auch in das Erziehungs- und Gesundheitswesen hinein. Es handelt sich um jene beiden Bereiche, die besonders personalintensiv und daher kostspielig sind. Doch machen wir uns hier nichts vor: Die Überkapazitäten werden es kaum zulassen, daß private Konkurrenz entsteht, der Staat wird sie nach Kräften verhindern, um so die Auslastung seiner Anstalten nicht zu gefährden. Dies befreit sie allerdings von der wirtschaftlichen Notwendigkeit, zu rationalisieren und zu redimensionieren.

2. In dem Maße, wie Re-Privatisierungen ausbleiben, gibt es eine zweitbeste Lösung: Öffentliche Anstalten, Betriebe und Unternehmen aller Art sind organisatorisch und finanziell zu verselbständigen. Die Verlustabdeckung ist allmählich abzubauen und innerhalb nützlicher Frist zu beenden. Eine solche Entziehungskur zwingt die Subventionsempfänger endlich, wirtschaftlicher zu arbeiten und längst fällige Konsequenzen zu ziehen. Der Staat kann sich mittelfristig nachhaltig entlasten. So kommt es zu einer weitgehenden Entpolitisierung, die Verantwortung liegt nun voll beim Management, das nicht mehr nach politischen Kriterien bestellt wird. Es kommen endlich vermehrt jene zum Zuge, die fachlich ausgewiesen sind. Es versteht sich von selbst: Das kann die Wirtschaftlichkeit – im Interesse der Benützer – nur nachhaltig verbessern.

3. Überfällig ist eine zügige Entflechtung zwischen den einzelnen Staatsebenen. Im Zuge der Nachkriegszeit und insbesondere bei den sogenannten »Gemeinschaftsaufgaben« kam es zu einer wachsenden Verflechtung zwischen den Gebietskörperschaften. Dazu gibt es ein einhelliges Urteil: Kaum jemand hat noch den Überblick und es gibt zahlreiche und kostspielige Doppel- und Mehrfachspurigkeiten. Dabei ist es schwierig auszumachen, wer letztlich für was verantwortlich ist. Je mehr übergeordente Ebenen und hier vor allem der Bund Aufgaben untergeordneter Gebietskörperschaften finanziert, desto großzügiger und auch verschwenderischer gehen sie mit Mitteln um, die sie nicht selbst beschaffen müssen. Es wird zu groß dimensioniert und zu teuer ausgebaut. Je klarer die Aufgabenteilung ist und je mehr jene Ebene das selbst zu finanzieren hat, worüber sie entscheidet, desto sicherer ist es: Die Kapazitäten werden (eher) bedarfsgerecht ausgelegt, der »Perfektionismus « und der »Luxus« kommen unter massiven Druck. Daraus resultieren bedeutende Kostenersparnisse für die einzelnen Staatshaushalte. Das wirkt sich auch günstig auf die Folgekosten aus, die jahrzehntelang anfallen.

4. Finanziell und strukturpolitisch wäre noch mehr gewonnen, wenn der Staat sich endlich zu einem massiven Abbau von Subventionen an Unternehmen durchringen könnte. Wir verfügen seit Anfang der siebziger Jahre über mehr als genug Anschauungsmaterial zur Erfolglosigkeit dieser Subventionspolitik. Mit enormen Mitteln, die anderswo fehlen, wurde

sozusagen um jeden Preis versucht, nicht mehr konkurrenzfähige Unternehmen und Branchen am Leben zu erhalten. Hier liegen »Fässer ohne Boden« vor! Und vor allem: Je mehr Mittel und Zeit hier verschwendet werden, desto größer ist die Gefahr, den Strukturwandel der Wirtschaft, den man nicht aufhalten kann, zu verpassen und endgültig ins Hintertreffen zu geraten. So kann man nur wiederholen, was immer wieder gesagt wurde: Es sind Anpassungsfristen vorzugeben, während denen die Subventionen endgültig und unwiderruflich auslaufen! Anders kann der wachstumsbedingte und -erforderliche Strukturwandel in »notleidenden« Branchen offenbar nicht erzwungen werden.

Die Landwirtschaftspolitik ist für Reformen geradezu prädestiniert: Es hat definitiv keinen Sinn mehr, sie so zu schützen und zu subventionieren, daß wir in Überschüssen beinahe ersticken. Es kann daher nur eine Devise geben: »Mehr Markt«! Der Kosument soll die tatsächlichen Kosten der landwirtschaftlichen Produkte zur Kenntnis nehmen und ihn ohne Verbilligungssubventionen übernehmen. Es ist in den hochentwickelten Industrieländern sinnlos, den Konsum von Nahrungsmitteln zu subventionieren. Bei kostendeckenden Preisen wird es sich zeigen, wieviel Nahrungsmittel die Konsumenten zu verbrauchen bereit sind. Das ist der repräsentative Hinweis darauf, wie die landwirtschaftliche Produktion zu gestalten ist: Die Überschüsse werden allmählich verschwinden, die Strukturanpassung an die Bedürfnisse erzwungen.

Jedermann weiß es: Läßt man den Markt spielen, so

würde die Landwirtschaft in zahlreichen Ländern unter eine Schwelle schrumpfen, welche die Versorgungssicherheit gefährdet. In Krisen- und Kriegszeiten hungert niemand gerne! Das ist die Chance, welche die Landwirtschaftspolitik stets zu nutzen wußte, doch: Überfällig ist eine exakte und operable Umschreibung der Mindest-Versorgungs-Ziele unter Berücksichtigung der Lagerfähigkeit von Agrarprodukten. Darauf und nur darauf sind die Schutzmaßnahmen und die Subventionen abzustimmen. Letztere sind grundsätzlich nur noch direkt auszurichten: An jene Produzenten, die nicht über den Markt auf ein existenzsicheres Einkommen gelangen können.
In der Marktwirtschaft gilt die Regel: Subventionen sind nur für gemeinwirtschaftliche Leistungen auszurichten. Erbringt jemand Leistungen, die im öffentlichen Interesse liegen, so ist er entsprechend abzugelten. So z. B. wenn eine reprivatisierte Bahn Strecken weiterbetreibt, die betriebswirtschaftlich nicht rentabel sind. Zwingt sie der Staat – mit Auflagen – dazu, den Betrieb aufrecht zu erhalten, so muß er die entsprechenden Kosten, als Verursacher, übernehmen. Soweit, so gut: Die Gefahr ist groß, daß letztlich mehr oder weniger alles, was man heute subventioniert, als im öffentlichen Interesse liegend erklärt, und damit sogar marktwirtschaftlich zu legitimieren versucht. Es ist daher entscheidend, die gemeinwirtschaftlichen Leistungen unter effizienz- und nicht (mehr) unter verteilungspolitischen Aspekten zu untersuchen und zu fixieren. Ist dies geschehen, so wird klar: Ein Großteil der Subventionen darf und muß abgebaut werden, der Staatshaushalt wird ent-

sprechend entlastet. Noch anders formuliert: Es ist auf Dauer einfach nicht möglich, soviel zu subventionieren wie bisher: Die Folge ist zweifelsfrei ein Abbau von Leistungen, die bisher nur dank Subventionen erbracht wurden.

5. Für den Steuerstaat sind seine Zahlungen an die Träger der sozialen Sicherheit aufwendig. Mit diesen Transfers verbilligt er die Sozialleistungen massiv. Doch was billiger wird, erfreut sich einer entsprechend höheren Nachfrage: Die nicht am Nutznießer- und Verursacherprinzip ausgerichtete Finanzierung der sozialen Sicherheit hat entscheidend zu ihrer raschen – progressiven – Expansion beigetragen. Insbesondere hier haben wir es mit Leistungen zu tun, die großzügig versprochen und gewährt wurden, langfristig aber nicht durchfinanziert sind. Es ist unmöglich, entsprechend Remedur zu schaffen: Überflüssige Sozialleistungen sind abzubauen, Mißbräuche im Wohlfahrtsstaat konsequent zu bekämpfen. So entsteht ein Spielraum, der es wohl weiter ermöglicht, die staatlichen Transfers an den Wohlfahrtsstaat voll abzubauen: Die Träger der sozialen Sicherheit werden, wie die öffentlichen Unternehmen, organisatorisch und finanziell verselbständigt. Dies hat den entscheidenden Vorteil, daß sie nicht mehr mit Staatshilfen rechnen können, wenn sie in Zahlungsschwierigkeiten geraten: Sie müssen dann Konsequenzen ziehen!

6. Die äußere Sicherheit gehört zu den notleidenden Staatstätigkeiten, es gibt hier aber auch Unzuläng-

lichkeiten. Sie sind so bekannt, daß man sich kurz fassen darf: Es sind jene Waffen und -systeme zu beschaffen, welche die bestmögliche Verteidigung sichern, nicht jene, die traditionellem Prestigedenken entsprechen: So sind Panzer- und Fliegerabwehrwaffen um ein Vielfaches billiger als Panzer und Flugzeuge. In dem Maße wie erstere genügen, ist entsprechend zu handeln. Geradezu notorisch ist die Rivalität zwischen den Waffengattungen – Heer, Marine, Luftwaffe –, die kaum zusammenarbeiten und jeweils das selbst beschaffen wollen, was andere schon haben. Derart divergierende Interessen unter einen Hut zu bringen, ist eine herausragende politische Aufgabe. Nur so werden die Mittel optimal eingesetzt und die Verteidigungsbereitschaft gesteigert. Zugleich mehrt dies das Ansehen einer jeden (Verteidigungs-) Armee!

7. Zu den großen Brocken der Staatsausgaben gehört die zivile und militärische Beschaffung von Gütern und Diensten, insbesondere jener von Rüstungsgütern und Investitionen. Hier werden vielfache Konzessionen gemacht, so in regionaler, sektoraler, beschäftigungs- und außenpolitischer Hinsicht. Das Ergebnis: Daraus resultieren massive Zusatzkosten! Und es kommt hinzu: Untergeordnete Staatsebenen betreiben bei der Vergabe ihrer Aufträge Protektionismus: Es kommen lokale und regionale Anbieter zum Zuge, die zum einen weniger qualifiziert und zum anderen teurer sind. Die Konkurrenz hier spielen zu lassen und die Beschaffung professioneller und damit wirksamer zu gestalten, das sind grundsätzliche

Postulate. Werden sie in die Tat umgesetzt, so könnte der Steuerstaat erheblich entlastet werden.

8. Der Abbau von Bürokratie und De-Regulierungen sind häufig auftretende Postulate. Geht die Gesetzes- und Verordnungsflut weiter, so wird der Handlungsspielraum der privaten Haushalte und der Wirtschaft immer enger. Der Freiheit und dem Strukturwandel werden bedrohliche Hindernisse in den Weg gelegt. Wo dem Menschen und seiner Umwelt kein Schaden droht, ist die Entbürokratisierung für die Funktionsfähigkeit der Marktwirtschaft von existenzieller Bedeutung. Nicht zuletzt geht es auch darum, die Eigendynamik der Bürokratie zu brechen. Je länger wir damit warten, desto aussichtsloser wird dieses Unterfangen. Die Bürokratie wird dann zu unserem endgültigen Schicksal, der Zwang allgegenwärtig, die Freiheit ist dahin!

9. Die staatlichen Personalausgaben sind das Kernstück der Expansion der Staatstätigkeit. Dabei ist zu beachten, daß sie progressiv zu den Staatsausgaben und zur gesamtwirtschaftlichen Entwicklung zunehmen. Die Möglichkeiten der Produktivitätssteigerung waren bis heute unterproportional! Künftig stehen Rationalisierungen und Redimensionierungen im Vordergrund. Es geht sowohl um den Personalbestand, als auch um die Entlohnung im öffentlichen Dienst: Fällig ist hier ein substanzieller Beitrag zur Sanierung der defizitären Staatsfinanzen.
Grundsätzlich ist zu fordern: Der Staat soll seinen verwaltungsmäßigen und hierarchischen Aufbau lok-

kern und vereinfachen. Er muß von seinem »Verwaltungsleerlauf« wegkommen und zur Leistungsorientierung übergehen. Das ist aber nur mit Strukturen möglich, die sich weniger an der Präsenz und Spezialisierung in Ämtern und Behörden orientieren: Die multifunktionale Verwendung macht es möglich, mit weniger Personal auszukommen. Dem steht nicht erst heute die faktische Unmöglichkeit entgegen, im öffentlichen Dienst Entlassungen vorzunehmen. Voraussetzung dazu ist, daß niemand mehr auf Lebzeiten eingestellt wird. Der Beamtenstatus ist aufzuheben, der Staat stellt ein und entläßt Arbeitnehmer wie private Unternehmen.

Im Zuge der Flexibilisierung der Arbeitswelt müßte der Staat mit dem guten Beispiel vorangehen. So könnte er das überschüssige Personal im Erziehungs- und Gesundheitswesen in zahlreichen Varianten von Teilzeitarbeit beschäftigen. Wer seine Verpflichtung reduzieren möchte, dem soll dies mit einem proportionalen Einkommensverzicht ermöglicht werden. Der Staat kann auch, wo nur möglich mit zeitlich limitierten Leistungsverträgen arbeiten. Dies erlaubt es ihm, bestqualifizierte Kräfte für sich arbeiten zu lassen, ohne sie zu zwingen, die Privatwirtschaft zu verlassen. Er kauft jeweils am Markt das ein, was er benötigt, aber selbst nicht hat.

Innerhalb der Staatsaufgaben gibt es einen langfristigen Strukturwandel: Die einen Aufgaben verlieren, die anderen gewinnen an Bedeutung. Es ist daher nur folgerichtig, den Personalbestand entsprechend anzupassen. Doch genau das geschieht nicht. Man ist froh, wenn der Personalbestand in schrumpfenden

Bereichen nicht noch wächst. Kommen Zusatzbedürfnisse bei alten und neuen Aufgaben dazu, so expandiert der Personalbestand: Es geht also nur aufwärts. Immer mehr Personal im öffentlichen Dienst, unabhängig vom Strukturwandel, das ist die ernüchternde Bilanz. Es ist daher unbedingt notwendig, davon abzukommen und innerhalb des Staates mit entsprechender Umschulung umzustrukturieren. Dabei darf ein hierarchischer und finanzieller Abstieg nicht ausgeschlossen werden. Dieser ist besser als eine Entlassung von Personen, die man nicht mehr benötigt.

Nun darf man die realpolitischen Möglichkeiten nicht aus den Augen verlieren. Der Staat entläßt niemanden. Unter solchen Voraussetzungen erscheint es richtig, jeweils nur jene zu ersetzen, die aus dem öffentlichen Dienst ausscheiden. Eine Alternative ist die vorzeitige Pensionierung, sie ist billiger als die Weiterbeschäftigung, doch: Die Gefahr ist groß, daß es dadurch zu einer allgemeinen Senkung des Pensionierungsalters kommt: Das würde die Staatshaushalte zusätzlich belasten. Eine grobe Methode ist der Personalstopp. Der Staat darf hier die natürlichen Abgänge nicht ersetzen, was den Bestand langsamer aber sicher zu senken vermag. Nicht selten gilt dies als letzter Ausweg. Doch zu mehr wird sich der Staat kaum aufraffen: Man wird nämlich argumentieren, der Staat dürfe selbst nicht Arbeitslosigkeit erzeugen.

Einen großen Handlungsspielraum hat der Staat bei der Entlohnung im öffentlichen Dienst. Die zahlreichen Möglichkeiten sind bekannt: Aufgrund von

Arbeitsplatzbewertung könnte er leistungsorientiert bezahlen. Von Beförderungen aufgrund des Alters ist abzukommen. Sie bringen nämlich jenen zusätzliche Einkommen, die im Lebensablauf die größte finanzielle Belastung bereits hinter sich haben. Die Bezahlung von »Treueprämien« ist im Zeitalter der Arbeitslosigkeit unverständlich. Wer verläßt schon den Staat, um sich der Konkurrenz in der Privatwirtschaft auszusetzen? Hier ist ein wichtiges Argument fällig: Für die Sicherheit des Arbeitsplatzes im öffentlichen Dienst ist ein Risikoabschlag angezeigt. Im Klartext: Der Staat soll und darf für vergleichbare Qualifikationen nicht soviel wie die Privatwirtschaft bezahlen! In dem Maße wie er dadurch weniger attraktiv wird, ist es für ihn schwieriger, Personal zu finden, er muß entsprechend rationalisieren. Nur unter anhaltendem Druck werden jene Polster abgebaut, die überflüssig sind. Wieso sollte man sich nämlich in dieser – und anderer – Beziehung anstrengen, wenn es ohne auch geht? Und nicht zuletzt: Individuelle Lohnverhandlungen würden dem Staat gut anstehen, so käme er eher von der Verpolitisierung seiner Lohnpolitik weg.

Im Wohlfahrtsstaat ist viel von Solidarität die Rede, sie wird aber selten dort praktiziert, wo sie angebracht ist: Im öffentlichen Dienst! Geraten private Unternehmen in Schwierigkeiten, so müssen sie selbst aus den roten Zahlen kommen, um ihren Konkurs zu vermeiden. Dabei müssen ihre Arbeitnehmer Lohnkürzungen in Kauf nehmen. Damit leisten sie einen Beitrag zur Sicherung ihrer Arbeitsplätze. Im öffentlichen Sektor ist dies ganz anders: Der Staat bezahlt, obwohl defizitär, immer mehr und immer besser. Dazu zieht er die Steuerzahler vermehrt heran oder weicht in die Verschuldung aus. Der öffentliche Dienst ist daher aufgerufen, endlich Solidarität zu üben und auf Einkommen zu verzichten. Das absolute Minimum ist ein Verzicht auf (nominelle) Einkommenserhöhungen bis der Staat seinen Haushalt wieder ausgeglichen hat. Eine Anpassung nach oben kommt nur dort in Frage, wo die Löhne und Gehälter sich am Existenzminimum bewegen und von der Geldentwertung entsprechend hart getroffen werden. Doch darüber hinaus sind auch reale Kürzungen durchaus ins Auge zu fassen. Je mehr die Angehörigen des öffentlichen Dienstes davon überzeugt sind, es gehe auch ihnen an den Kragen, desto wahrscheinlicher wird es: Sie halten intensiv nach Einsparungsmöglichkeiten beim Staat, seinen Anstalten, Betrieben und Unternehmen Ausschau: Dann kommt es zu Rationalisierungen und Redimensionierungen.

10. Keine neuen Ausgaben, ohne eine entsprechende – ordentliche – Finanzierung ist eine andere Devise, um der Expansion der Staatsausgaben und der Defizitwirtschaft Einhalt zu gebieten: Es kann dann nicht mehr versprochen und geleistet werden, ohne zu wissen, wie man es später finanziert. Da hier der Ausweg in die Neuverschuldung versperrt ist, wird es bei hartnäckigem Widerstand nicht mehr möglich, zusätzliche Staatsaufgaben zu übernehmen, ohne an den alten Verpflichtungen Abstriche vorzunehmen. So wird der Strukturwandel im Staatssektor erzwun-

gen. Jene, die nicht mehr wünschen, majorisieren jene, die nicht verzichten wollen. Es versteht sich von selbst: Der politische Wettbewerb wird intensiviert, der Konsens geht nicht mehr nur in Richtung zusätzlicher Staatsausgaben.

11. Doch machen wir uns nichts vor: Noch so überzeugende Vorschläge zur Sanierung der Staatsfinanzen scheitern am politischen Willen jener, die den Gürtel nicht enger schnallen wollen: Es gibt kaum eine Partei, die es wagt, sich als Pionier im Abbau der Staatstätigkeit zu profilieren, obwohl dies überfällig geworden ist. So fährt man in der Regel fort, noch mehr zu versprechen, obwohl man weiß: Es kann gar nicht ordentlich finanziert werden. Doch um einen massiven Abbau der Staatsausgaben kommen wir nicht herum, denn sonst nehmen die Defizite bedrohliches Ausmaß an: Im Extremfall wird man sich, wie 1985 in den USA, auf automatische Kürzungen einigen, wohlwissend, daß man sich bei den jährlichen Beratungen nicht auf einen substanziellen Abbau der Defizite zu einigen vermag. Wie kaum anders zu erwarten, haben prozentual gleiche – lineare – Kürzungen von Staatsausgaben die beste Aussicht, akzeptiert zu werden. Doch das ist der ausgesprochene Verzicht auf Prioritäten in der Gestaltung des Staatshaushaltes. Das ist in hohem Maße bedauerlich. Es kommen auch jene Ausgaben unter die Räder der Sparpolitik, die expandieren müßten, so z. B. für zukunftsgerechte Investitionen. Es verbleibt die Hoffnung, es kämen klare Prioritäten in der Gestaltung der Staatsausgaben zustande, die

anschließend automatisch zum Zuge kommen. Das Parlament entmachtet sich für eine bestimmte Dauer – bis die Defizite weg sind – sozusagen selbst, um das zu ermöglichen, wozu es bisher nicht imstande war: Gesunde Staatsfinanzen zu verwirklichen.

12. Es ist wichtig, daß der Steuerstaat keine Türe für zusätzliche Ausgaben offenläßt, wenn er sich über die Modalitäten des Abbaus seiner Defizite geeinigt hat. Er tut am besten so, als ob es gar keine Rezession gäbe. Erfahrungsgemäß kommt er jeweils ohnehin zu spät und verstärkt die Konjunkturschwankungen: Mittelfristige Stabilisierung seiner Finanzpolitik ist daher die richtige Devise. Sie geht mit einem langfristigen Programm der Bewältigung der Defizite konform. Zudem: Die Defizite sind nicht (mehr) konjunkturell, sondern strukturell bedingt: Das erfordert ausschließlich fundamentale, nicht aber kurzfristige Maßnahmen.
Um eine Schlankheitskur wird sich der Steuerrat so oder anders nicht mehr lange drücken können. Ihm droht nämlich die Zahlungsunfähigkeit. Ausgabenkürzungen sind daher unvermeidlich geworden, doch: Ebenso wichtig und ordnungspolitisch überfällig ist eine grundlegende Reform seiner Finanzierung. Sie ist aber nur möglich, wenn zuvor ein Konsens über die Steuergerechtigkeit zustandekommt!

Die neue Gerechtigkeit: Wer kann, bezahlt selbst!

Was jeweils als gerecht gilt, bestimmt die politische Mehrheit. So war und ist es seit der Einführung des allgemeinen Wahl- und Stimmrechts in der modernen Demokratie. Es hat jeder eine Stimme, er kann unabhängig davon über sie verfügen, ob und in welchem Umfang er Steuern bezahlt. Damit ist klar vorgezeichnet, was kommen konnte und mußte: Immer mehr Staatsleistungen, deren Finanzierung man möglichst anderen überläßt, die Entkoppelung von empfangenen Staatsleistungen und bezahlten Steuern hat zu einer wachsenden Umverteilung von Einkommen geführt, sie ist zum eigentlichen Ziel der Besteuerung geworden!

Die Umverteilung ist solange vertretbar und für jedermann akzeptabel, als sie nur jenen zugute kommt, die existenziell darauf angewiesen sind. In diesem Ausmaße dürfte sich kaum jemand von seiner sozialen Verantwortung drücken. Doch nicht erst heute verteilt der Steuerstaat zugunsten von Personen und Gruppen um, die seine Unterstützung gar nicht benötigen. So verbilligt er Staatsleistungen zugunsten von Empfängern, welche imstande sind,

die Kosten voll selbst zu übernehmen. Das ist in hohem Maße verwerflich: Zum einen übt der Steuerstaat unnötig Zwang aus, zum anderen ist diese Umverteilung sozial nicht zu rechtfertigen: Sie ist zum Selbstzweck geworden.
Die Grenzen der Umverteilung wurden überschritten, wir befinden uns im Wohlfahrtsstaat: Er sorgt inzwischen für jedermann vor, die Selbstverantwortung hat entsprechend nachgelassen. Das vermag nicht zu erstaunen: Je leichter es ist, Staatsleistungen zu erhalten, die man selbst nicht finanzieren muß, desto größer ist der Anreiz, immer mehr zu verlangen und auch durchzusetzen! Reichen die Steuereinnahmen nicht mehr aus, weicht der Steuerstaat in die Verschuldung aus. Dies erspart ihm, Konsequenzen zu ziehen: Er kann seine populäre Ausgabenpolitik bis zur Zahlungsunfähigkeit fortsetzen.
Der moderne Steuerstaat hat einen langen Irrweg hinter sich. Er ist durch die Dominanz der direkten Steuern im allgemeinen und der Progression im besonderen gekennzeichnet. Es bestreitet kaum jemand, daß es sozial richtig war und ist, Entlastungen vorzunehmen und die Einkommenssteuer mit einem echten steuerfreien Minimum auszustatten, aber: Als im 19. Jahrhundert der Übergang zur – offenen – Progression vollzogen wurde, öffnete man die Schleusen für eine Besteuerung, die in jene Spitzenbelastungen führte, die seit Jahren als individuell unzumutbar und volkswirtschaftlich schädlich gelten. In dem Maße wie es der politischen Mehrheit ermöglicht wird, von Minderheiten unbegrenzte Steueropfer zu verlangen, ist ihre Ausbeutung nicht zu verhin-

dern. Der progressive Tarif der Einkommenssteuer, und nicht nur dieser, ist der sichtbare Ausdruck der steuerpolitischen Willkür jener Mehrheit, die vom Staat immer mehr verlangt, ohne selbst dafür gerade zu stehen. Wer sozusagen ohne Folgen immer mehr durchzusetzen vermag, für den gibt es keinen Anlaß, sich zurückzuhalten.

Die Progression ist die Wurzel allen Übels im modernen Steuerstaat! Sie hat den Weg in die organisierte Verantwortungslosigkeit des Wohlfahrtsstaates geebnet. Im Namen der Gerechtigkeit wurde sie von jenen forciert, die noch heute überzeugt sind, es werde zu wenig umverteilt. Sie werden daher nicht aufgeben, bis alle Einkommen gleich geworden sind. Ihr Ziel ist der Sozialismus, nicht die Soziale Marktwirtschaft. Er führt zu Armut und Zwang! Auf diesem Wege sind wir bereits weit fortgeschritten, wir müssen von ihm abkommen: Weniger Ausbeutung und mehr Gerechtigkeit im Steuerstaat, das ist die zukunftsweisende Devise. Ihr herausragendes Postulat kann aufgrund der historischen Erfahrung nur heißen: Abschaffung der Steuerprogression!

Die Progression ist weder erforderlich, um Steuergerechtigkeit zu verwirklichen, noch ist sie wirtschaftlich erwünscht. Je mehr die direkten Steuern erhöht und die Progression verschärft wurde, desto rascher und nachhaltiger kam es zu vielfältigen negativen Auswirkungen auf die Anreize der wirtschaftlichen Aktivität. Der Staat versuchte hier jeweils Gegensteuer zu geben. Doch dabei kam es zu weiteren, immer weniger tragbaren Belastungen. Inzwischen wissen wir: Nicht nur die Wirtschaft, sondern auch die privaten Haushalte sind durch die Steuerlasten überfordert. Diese Überzeugung hat sich inzwischen so allgemein durchgesetzt, daß Entlastungen insbesondere bei den Spitzeneinkommen sogar von sozialdemokratischen Regierungen nicht nur gefordert, sondern durchgesetzt werden: Es besteht ein breiter Konsens darüber: Wir haben die Grenzen der Besteuerung schon Anfang der siebziger Jahre erreicht und nach oben durchstoßen. Darauf kann es nur eine Antwort geben: Die Steuerbelastung muß sinken!

Der Steuerstaat zog vor über hundert Jahren aus, um mehr Gerechtigkeit zu verwirklichen. Im Laufe der Zeit schreckte er aber immer weniger vor kontraproduktiven Steuerbelastungen zurück. Er schnitt sich dabei ins eigene Fleisch. Darauf antwortete er mit zahlreichen Steuervergünstigungen: Sie sind nichts anderes als eine Diskriminierung der Nicht-Nutznießer. Nicht anders wirken sich die mannigfaltigen Möglichkeiten aus, das steuerbare Einkommen zu vermindern, so im Rahmen des Spesenreitertums. Mit ihnen geht der Steuerstaat großzügig um.

Je komplizierter das Steuerrecht ist, desto mehr schafft es Grauzonen und Schlupflöcher. Wer sich hier auskennt, kann massiv Steuern sparen. Doch die anderen sind schonungslos dem Steuerstaat ausgeliefert. Und nicht zuletzt: Der steuerliche Einkommensbegriff wird derart restriktiv interpretiert, daß bedeutende Einkommen wie z. B. Kapitalgewinne mit einem verminderten Satz oder gar nicht erfaßt werden. Der Grund ist klar: Die Investitions- und Risikobereitschaft würde ohne Entlastungen notleiden.

Eine geschwächte Wirtschaftsdynamik kann und will sich der Steuerstaat nicht leisten: Seine Einnahmen würden hart getroffen.
Zu den herausragenden Ungerechtigkeiten, die der Steuerstaat selbst geschaffen hat, zählt die in den letzten Jahrzehnten wachsende Schattenwirtschaft. Hier weicht man legal und illegal den als zu hoch empfundenen Steuern aus. Der Steuerstaat ist weitgehend machtlos. Verschärft er seine Kontrollen und Sanktionen, so wächst die Schattenwirtschaft nicht weniger, sondern noch mehr. Daher gibt es nur den Ausweg über den Abbau vor allem der direkten Steuern. Zuoberst auf der Prioritätenliste steht die Progression: Sie muß fallen, um jedermann sichtbar zu machen, daß der Steuerstaat von seinem sozialistischen Irrweg Abschied genommen hat. Doch das reicht nicht aus. Erforderlich sind zusätzlich Opfer jener, die Staatsleistungen auch dann von anderen finanzieren lassen, wenn sie selbst dazu imstande sind. Das erklärte Ziel ist eine möglichst weitgehende Übereinstimmung zwischen Staatsleistungen und ihrer Finanzierung: Die Nutznießer bezahlen selbst. Letztlich geht es aber um mehr Verantwortung in der Gestaltung der Staatsleistungen: Die kostenmäßigen Folgen politischer (Mehrheits-) Entscheide sind näher an den Bürger heranzutragen. Dazu gibt es verschiedene Möglichkeiten:

1. Stimm- und Wahlrecht erhalten nur jene, die Steuern bezahlen. Die »Gratisbürger« können dann nicht von jenen mehr fordern, die es finanzieren müssen, als diese jeweils zu bezahlen bereit sind. Es gibt kaum

einen Zweifel: Damit ist die Schlankheitskur des Steuer- und Wohlfahrtsstaates vorprogrammiert. Es wird weniger Staats-, dafür aber mehr Eigenleistungen geben.
Es verbleibt zu betonen: Eine Kopfsteuer, die eben jedermann zu bezahlen hat, darf nicht als Alibi benutzt werden, um das allgemeine Stimm- und Wahlrecht beizubehalten. Käme diese Abgabe überhaupt in Frage, dann nur mit einem Betrag, der für jedermann so fühlbar ist, daß er bei Entscheidungen über Staatsleistungen ins Gewicht fällt. Nun kann man ohne weiteres einwenden: Bezahlt jemand (sehr) geringe Beträge an Einkommenssteuer, so ist das nicht mehr als bei einer Kopfsteuer. Er kommt so mit einem extrem niedrigen Aufwand zum Stimm- und Wahlrecht. Doch damit wird nicht einmal eine geringe Übereinstimmung von Staatsleistungen und Steuerzahlungen erreicht. Die Kongruenz wird in so hohem Ausmaße verfehlt, daß nach Alternativen Ausschau zu halten ist.

2. Die Stimmabgabe könnte mit den bezahlten Steuern gewichtet werden. Damit wird der Beteiligung an der Finanzierung des Staates Rechnung getragen. Wer keine Steuern bezahlt, geht leer aus, wer am meisten dem Steuerstaat abliefert, erhält die größte Punktzahl. Große Steuerzahler verfügen entsprechend über mehr Stimmen als kleine Steuerzahler. Wer politischen Einfluß gewinnen möchte, der muß sich wirtschaftlich so anstrengen, daß er mehr Einkommenssteuern bezahlen darf. Wer an der Politik weniger oder gar nicht interessiert ist, der wird sich

entsprechend zurückhalten. Eines ist sicher: Es werden solche Staatsleistungen erbracht, die den Bedürfnissen jener entsprechen, die dafür bezahlen. Insofern werden die aktuellen Verhältnisse weitgehend auf den Kopf gestellt!
Im übrigen: Das Punktwahlsystem ist ein allgemein anerkanntes Abstimmungsverfahren. Es ist am besten geeignet, die individuellen Präferenzen zu erfassen. An sich ist es gar nicht abwegig, seine Einführung zu postulieren. Man darf aber eines nie vergessen: Zum einen ist es unrealistisch anzunehmen, daß die politische Mehrheit, die heute in den Genuß von verbilligten Staatsleistungen gelangt, zustimmen würde: Sie befürwortet das geltende Wahlrecht, gegen ihren Willen kann es nicht geändert werden. Zum anderen würde der Grundsatz der liberalen Demokratie, wonach jeder eine Stimme erhält, um sich politisch – gleich wie andere – zu betätigen, verletzt. Allerdings ist nicht zu übersehen: Diese Demokratie ist zu begrenzen, damit sie nicht in Ausbeutung ausartet und sich auf Dauer selbst zerstört. Dazu zählt unverzichtbar eine Finanzierung des Staates, die zur Marktwirtschaft und zur (liberalen) Demokratie paßt. Überfällig ist daher ein Systemwechsel weg vom traditionellen Leistungsfähigkeitsprinzip der Besteuerung mit seiner progressiven Einkommenssteuer hin zum Äquivalenzprinzip. Die Devise lautet: »Mehr Markt statt Steuern«!

Wie verträgt sich das Äquivalenzprinzip mit der Gerechtigkeit? Auch hier wird, wie beim Leistungsfähigkeitsprinzip, die Zahlungsfähigkeit des einzelnen berücksichtigt. Es soll niemand, der die Mindest-Zahlungsfähigkeit nicht aufweist, überfordert werden. Daher der Grundsatz: »Wer kann, bezahlt selbst«! Dies allerdings nur für konkrete Gegenleistung. Damit wird die Analogie zur Marktwirtschaft sichtbar. In dem Maße wie die Nutznießer selbst für die Kosten der entsprechenden Staatsleistungen aufkommen müssen, herrscht zum einen Kostentransparenz und zum anderen wird niemand vom Staat mehr fordern, als er zu bezahlen bereit ist. Das ist ein fundamentaler Unterschied gegenüber dem Grundsatz der Leistungsfähigkeit: Hier werden jene, die mehr fordern, von den Folgen ihres Verhaltens verschont. Das veranlaßt sie, grenzenlos Staatsleistungen zu verlangen. Das Ergebnis sind untragbare Steuer- und Soziallasten und ein verschuldeter Steuerstaat. Aus einer Krise kommen wir endgültig nur über das Äquivalenzprinzip heraus. Doch dazu ist es unverzichtbar, daß dieser Grundsatz von der politischen Mehrheit akzeptiert wird. Dem steht die traditionelle Steuergerechtigkeit im Wege!

Die Mehrheit erblickt im Systemwechsel zum Äquivalenzprinzip eine finanzielle Überforderung jener, die keine Mindest-Zahlungsfähigkeit aufweisen. Sie sprechen von Reformen auf dem Buckel der Schwachen! Es ist nur verständlich, daß der Widerstand hier am größten ist, doch: Bezahlen müssen auch künftig die ihnen erbrachten Staatsleistungen nur jene, die dazu fähig sind. So wird niemand finanziell überfordert. Jenen, die kein ausreichendes Einkommen haben, greift der Staat entsprechend unter die Arme. So werden auch sie in die Lage versetzt, die Kosten von Staatsleistungen zu übernehmen. Diese – neue – Gerechtigkeit besagt nicht mehr und nicht weniger: Der Staat unterstützt hinfort nur jene, die finanziell auf ihn angewiesen sind. Wer selbst bezahlen kann, dem gewährt er keine Hilfe mehr! Ist das nicht gerecht?

Die Chancen der neuen Gerechtigkeit sind um so größer, je überzeugender der Nachweis gelingt, daß der Staat nicht kneift, wenn er dazu aufgerufen ist, seiner sozial-marktwirtschaftlichen Verpflichtung nachzukommen. Es ist daher entscheidend, jene soziale Absicherung konkret und unwiderruflich zu umreißen, die mit dem Systemwechsel zum Äquivalenzprinzip verbunden ist. Unsere Wohlstandsgesellschaft kann es sich leisten, niemanden unter jene Einkommensschwelle fallen zu lassen, auf die er existenziell angewiesen ist.

Wieviel soziale Absicherung?

Die Fakten sind bekannt: Nicht jedermann ist imstande, über den Markt zu einem Einkommen zu gelangen, das seine Existenz zu sichern vermag. Zugleich kann jedermann von Wechselfällen des Lebens so hart getroffen werden, daß auf ihn untragbare Kosten, z.B. aufgrund von Krankheit oder Invalidität, zukommen. Es ist völlig unbestritten, daß eine soziale Absicherung erwünscht und unverzichtbar ist, doch: Sie muß zur Marktwirtschaft passen! Dieses Wirtschaftssystem ist um seine soziale Komponente zu ergänzen: Ziel ist die Soziale Marktwirtschaft!

Eine systemkonforme Absicherung hat Grenzen, die klar zu umreißen und zu respektieren sind. Verletzt man nämlich diese Grenzen, so gerät man in ein anderes System, in den Wohlfahrtsstaat. Über ihn ist soviel geforscht und geschrieben worden, daß man sich kurz fassen darf: Er zeichnet sich durch unnötigen Zwang, Mißbräuche und extrem schädliche Wirkungen auf die Wirtschaft aus. Historisch gesehen bildete er stets den Auftakt zur wirtschaftlichen Stagnation und zum – späteren – Niedergang. Daher

haben wir alle Grund genug, ihn zu verlassen und in die Soziale Marktwirtschaft zurückzukehren.
Die Soziale Marktwirtschaft verlangt lediglich zwei Absicherungen. Sie müssen allerdings für jedermann verbindlich, obligatorisch sein, denn: Im Rahmen der Freiwilligkeit würde nicht jedermann sich entsprechend absichern. Sehen sie sich aber mit Einkommensausfällen und nicht tragbaren Kosten konfrontiert, so wird es unausweichlich: Der Staat muß einspringen! Doch das erfordert Opfer von jenen, die selbstverantwortlich vorgesorgt haben. Sie müssen nun für jene geradestehen, die darauf verzichtet haben. Um solches zu vermeiden, drängen sich zwei Absicherungen auf:

1. Eine Einkommensausfall-Absicherung: Sie hat die Aufgabe, Einkommensausfälle aller Art existenzsichernd auszugleichen. Sie erstreckt sich von der Arbeitslosigkeit über ungenügende Erwerbseinkommen bis hin zur Pensionierung. Die verschiedenen Versicherungsträger können zu einer einzigen Absicherung zusammengelegt werden. Das vermindert den bürokratischen Aufwand und ist mit dem nicht zu unterschätzenden Vorteil verbunden, die individuelle Einkommenssituation auf einen Blick zu erkennen.

2. Eine Groß-Risiken-Versicherung: Sie hat die Funktion, jedermann finanziell und zeitlich unbegrenzt zu helfen, wenn er durch Wechselfälle des Lebens, insbesondere Krankheit, hart getroffen ist. Hier können selbst Bezieher hoher Einkommen

überfordert sein! Allerdings muß es sich von selbst verstehen: Darüber hinaus liegt es im Ermessen eines jeden, ob und in welchem Umfange er sich freiwillig versichern möchte. Als Bremsen gegen den »Konsum im Gesundheitswesen« bieten sich Selbstbehalte und die Selbstfinanzierung von Bagatellfällen an. Letztere sind verwaltungs- und kostenintensiv und belasten das Gesundheitswesen ohne zwingende Notwendigkeit.

Es gibt eine Reihe guter Gründe, diese beiden Absicherungen organisatorisch und finanziell zu verselbständigen: So wird transparent gemacht, welche Kosten die soziale Absicherung verursacht: Nur dann ist der Wähler richtig informiert. Die Kostentransparenz ist ein unentbehrliches Steuerungsinstrument: Es kann – und darf – nichts versprochen werden, dessen Finanzierungsfolgen im Dunkeln bleiben. Dann ist es nicht mehr möglich, mit Sozialleistungen zu locken, ohne über die Belastungen aufzuklären. Und nicht zuletzt: Der Staat darf keine Subventionen an die soziale Absicherung gewähren. Damit wird der Ausweg in den Staatshaushalt versperrt, falls hier finanzielle Engpässe auftreten. Der Wohlfahrtsstaat ist bisher nämlich stets der Versuchung erlegen, seine Nutznießer zu schonen und zusätzliche Leistungen über Subventionen zu finanzieren. Nicht selten griff er sogar auf Kredite, d. h. zu Lasten der Staatsverschuldung zurück. Dies ist, versteht sich von selbst, nicht zu verantworten: Künftige Generationen müssen nämlich Belastungen übernehmen, die von einer Generation stammen, die über ihre Verhältnisse gelebt hat. Subventionen, oder anders ausgedrückt Transfers an

die soziale Absicherung werden stets mit dem Argument gewährt, sie würden die Sozialleistungen verbilligen und die Umverteilung verstärken. Zum einen ist dieses Ziel, wenn beabsichtigt und berechtigt, anders zu erreichen, nämlich: Über eine interne Umverteilung, d. h. innerhalb der einzelnen Absicherungen. Zum anderen ist danach zu fragen, wer letztlich jene Steuern trägt, die zur Subventionierung der sozialen Absicherung erhoben werden (müssen)? Je mehr hier indirekte Steuern im Spiel sind, die auf die Konsumenten überwälzt werden, desto mehr sind die Nutznießer der Subventionen in ihre steuerliche Finanzierung involviert. Der Umverteilungseffekt ist entsprechend gering: Die Subventionierung der sozialen Absicherung täuscht in diesem Ausmaße eine Umverteilung vor, die es in Wirklichkeit nur sehr beschränkt gibt. Es ist daher notwendig, solche Täuschungsmanöver aufzugeben. Eine klare Abgrenzung zwischen dem Steuer- und dem Sozialstaat ist für beide Institutionen die beste Lösung!
Bei der sozialen Absicherung ist konsequent zwischen der Wirtschaft oder der Arbeitswelt einerseits und den privaten Haushalten oder den privaten Bereichen andererseits zu trennen. Anzuwenden sind das Nutznießer- und Verursacherprinzip: Die Wirtschaft hat demnach für jene Kosten aufzukommen, die in der Arbeitswelt anfallen, so aufgrund von Unfällen und Krankheit. Dazu müssen die Arbeitgeber Versicherungen abschließen, die ausreichen, um sämtliche Kosten abzudecken. Verläßt der Arbeitnehmer seinen Arbeitsplatz, so begibt er sich in das Privatleben. Damit hat der Arbeitgeber im engsten

Sinne des Wortes nichts zu tun. Die hier auftretenden Kosten der sozialen Absicherung sind ausschließlich durch Privatpersonen zu übernehmen: Konkret geht es um die Einkommensausfall-Absicherung und Groß-Risiken-Versicherung. Die Nutznießer sind hier die Individuen, sie kommen ohne Subventionen und Beiträge der Arbeitgeber als Gruppe für die Kosten dieser sozialen Absicherung auf. Um niemanden finanziell zu überfordern, der die sozial-marktwirtschaftliche Mindest-Zahlungsfähigkeit nicht aufweist, sind entsprechende Regelungen für beide Absicherungen zu treffen:

1. Die Einkommensausfall-Absicherung wird nach dem Umlageverfahren finanziert. Die Abgaben werden jährlich nach dem zu erwartenden Finanzbedarf festgelegt. Kredite kommen nur zur Überbrückung kurzfristiger, d.h. liquiditätsmäßiger Engpässe, in Frage. Sie sind in dem Maße erforderlich, als die Einnahmen nicht parallel zu den Ausgaben fließen. Eine darüber hinausgehende Verschuldung ist verfassungsrechtlich auszuschließen, denn auch hier gilt: Wehret den Anfängen! Und noch ein weiterer Punkt: Diese Absicherung darf, obwohl theoretisch geeignet, nicht in den Dienst der Konjunkturpolitik gestellt werden. An sich wäre in der Rezession ein Defizit, in der Hochkonjunktur ein Überschuß angezeigt: Die antizyklische Anpassung der Leistungen und Abgaben würde die konjunkturellen Ausschläge mildern, doch: Es ist – realistisch – nicht möglich, die Abgaben anzuheben und die Leistungen zu kürzen, nachdem in der Rezession umgekehrt verfahren wurde! Die politi-

schen Umweltbedingungen legen es daher nahe, auf den konjukturpolitischen Einsatz zu verzichten. Das ist zwar bedauerlich, aber unverzichtbar!
Um jedem Mißverständnis vorzubeugen: Die Leistungen der Einkommensausfall-Absicherung sind in Höhe der Existenzsicherung unabhängig davon zu erbringen, wieviel jemand zu dieser Absicherung beigetragen hat. Es ist nur konsequent, jene jeweils von der Beitragspflicht zu befreien, die nicht über ein existenzsicherndes Einkommen verfügen. Diese Ausfälle sind durch entsprechende Zusatzzahlungen jener auszugleichen, die über entsprechende Einkommen verfügen. Damit wird dem Postulat der Umverteilung Genüge getan. Der soziale Ausgleich erfolgt innerhalb der Einkommensausfall-Absicherung und nicht etwa durch externe Überweisungen öffentlicher Haushalte: Die finanzielle Selbständigkeit ist gewährleistet!
Nun stellt sich die Frage nach der Bemessungsgrundlage und dem Tarif? Nutznießer sind grundsätzlich sämtliche Einwohner eines Landes. Zwar wird nicht jeder arbeitslos, wer aber das Pensionsalter erreicht, der wird zum Nutznießer. Es ist daher angezeigt, nicht nur das Erwerbseinkommen, sondern das Gesamteinkommen (eines Haushaltes) zu berücksichtigen. Nur dieses ist nämlich der repräsentative Ausdruck der Zahlungs- und Leistungsfähigkeit. Das läuft auf eine proportionale Einkommenssteuer mit einem echten Existenzminimum hinaus. Ein progressiver Tarif kommt aus zumindest zwei Gründen nicht in Frage: Zum einen würde er die Ausbeutung innerhalb der Einkommensausfall-Absicherung vorpro-

grammieren. Die Mehrheit der (potentiellen) Nutznießer hat ein unterdurchschnittliches Einkommen: Sie kann die Minderheit der Bezieher überdurchschnittlicher Einkommen ausbeuten. Zum anderen gewährleistet das Existenzminimum, daß jene geschont werden, die keine sozial-marktwirtschaftliche Zahlungsfähigkeit aufweisen. Um der Einkommensbesteuerung Grenzen zu ziehen, ist es folgerichtig, ihre Einnahmen bedarfsgerecht für die Einkommensausfall-Absicherung zweckzubinden. Das heißt im Klartext: Der Steuerstaat muß – künftig – ohne die individuelle Einkommenssteuer auskommen! Er hat sie an die soziale Absicherung abzutreten!

2. Es besteht kein Zweifel: Die Prämien an die Groß-Risiken-Versicherungen sind so zu veranschlagen, daß sie kinderreichen Familien und insbesondere die unteren Einkommensschichten finanziell nicht überfordern. Daraus ist folgende Konsequenz zu ziehen: Ihre Prämien werden entsprechend subventioniert! Das ist der Systemwechsel von der aktuellen Praxis zur sozial-marktwirtschaftlichen Finanzierung: So wird sichergestellt, daß nur jene in den Genuß von Subventionen – an die Groß-Risiken-Versicherung – gelangen, die einkommensmäßig dazu berechtigt sind. Ob die Subventionen direkt an diese Versicherung oder an die privaten Haushalte überwiesen werden, ist nicht nur eine technische Frage: Es ist wirksamer, die Subventionen an die Versicherten zu bezahlen, welche anschließend die Prämien voll selbst entrichten: Nur so erfahren sie, mit welchen Kosten die Groß-Risiken-Versicherung verbunden ist!

Wie sind die Subventionen an die Groß-Risiken-Versicherung zu finanzieren? Hier geht es ausschließlich um den sozialen Ausgleich, die Umverteilung von Einkommen. Auch dazu eignet sich die proportionale Einkommenssteuer mit einem echten Existenzminimum am besten! Jene, die zahlungs- und leistungsfähig sind, verzichten zugunsten jener, die nicht über die erforderlichen Einkommen verfügen. Das ist der zweite Einkommensausgleich, auf den die Soziale Marktwirtschaft nicht verzichten darf und will! Damit ist die Pflicht zur sozialen Absicherung in vollem Umfang gewährleistet. Es ist jene Grenze in der Umverteilung erreicht, die unter keinen Umständen überschritten werden darf. Hier beginnt der Wohlfahrtsstaat, man läßt die Soziale Marktwirtschaft hinter sich.

Nun sind wir soweit: Die Umverteilung ist geregelt, die soziale Verpflichtung in der Marktwirtschaft wahrgenommen. Die Devise lautet: Bis hier und nicht weiter. Darüber hinaus darf es hinfort keine Umverteilung mehr geben. Zu verwirklichen ist eine verteilungsneutrale Finanzierung von Staatsleistungen. Folgerichtig ist der Steuerstaat nach marktwirtschaftlichen Grundsätzen zu reformieren: Sein ausschließliches Ziel ist die effiziente Allokation von Ressourcen zwischen dem privaten und dem öffentlichen Sektor und innerhalb des letzteren. Vom sozialen Balast befreit, kann der Staat endlich das leisten, woran wir letztlich alle interessiert sind: Mehr Wirtschaftlichkeit im Umgang mit den Ressourcen oder anders ausgedrückt: Sparsamer Einsatz unseres Geldes!

Eine marktwirtschaftliche Steuerreform

Wer die Marktwirtschaft bejaht, der muß entsprechende Konsequenzen auch bei der Finanzierung von Staatsleistungen ziehen. Die systemkonforme Regel heißt dann: »Mehr Markt statt Steuern!« Das bedeutet nicht mehr und nicht weniger als: Das Äquivalenzprinzip ist, wo nur möglich, konsequent anzuwenden. Nur so kommt es zu einer weitgehenden Übereinstimmung von Staatsleistungen und finanziellen Gegenleistungen. So kann der Staatssektor effizient gesteuert werden. Zugleich versteht es sich von selbst: Die marktwirtschaftliche Finanzierung erfordert zielgerechte Zweckbindungen. Zweckentfremdungen sind entsprechend zu verhindern, denn sie belasten auch jene, die von Staatsleistungen nicht profitieren. Eine solche Umverteilung ist nicht berechtigt, nachdem die sozial-marktwirtschaftliche Absicherung geregelt wurde. Hier soziale Absicherung, dort Äquivalenzprinzip. Das ist die klare Trennung jener beiden Funktionen, deren zunehmende Vermischung uns in die Sackgasse des Wohlfahrtsstaates geführt hat.

Vom traditionellen Leistungsfähigkeitsprinzip der

Besteuerung muß in der Finanzierung der Allokation Abschied genommen werden. Es entkoppelt nämlich Steuerzahlungen und Staatsleistungen: Der Steuerzahler leistet Einkommensverzichte, denen keine konkrete Gegenleistungen entsprechen. Der Staatssektor wird nicht nach Wirtschaftlichkeits-, sondern nach Umverteilungskriterien gesteuert. Die Politik entdeckt immer wieder neue Bedürfnisse, die angeblich oder tatsächlich im öffentlichen Interesse liegen. In die Finanzierung spannt sie zunehmend jene ein, die sich politisch nicht ausreichend wehren können: Sie sind der Willkür der Mehrheit ausgesetzt. Mit Gerechtigkeit hat dies immer weniger oder gar nichts mehr zu tun: Der Steuerstaat betätigt sich als Ausbeuter!

Das Leistungsfähigkeitsprinzip ist in seiner gängigen Interpretation und Anwendung ein in der Marktwirtschaft fremdes Element. Es paßt zum sozialistischen Wohlfahrtsstaat! Der Weg zurück in die Soziale Marktwirtschaft erfordert die Abkehr von diesem Grundsatz der Besteuerung. Dazu ist eine Neu-Interpretation der Abgabengerechtigkeit nötig. Darin haben Steuern, die der Umverteilung von Einkommen dienen, nur insofern Platz, als sie der systemkonformen sozialen Absicherung dienen. Ist dieses Problem gelöst, so kann sich der Staat auf die marktwirtschaftliche Finanzierung konzentrieren: Das ist die Grundregel einer jeden Steuerreform!

Jedes Abgabensystem ist letzlich danach zu beurteilen, ob und in welchem Ausmaße es von marktmäßigen und marktanalogen Finanzierungsinstrumenten staatlicher Leistungen Gebrauch macht. Die einzelnen Abgaben weisen eine unterschiedliche Marktnähe bzw. Marktferne auf: Sie reicht von den (Markt-)Preisen, Gebühren, Beiträgen und Zwecksteuern über die indirekten Steuern bis hin zu den direkten Steuern. Je marktferner, desto schwächer ist das Verhältnis von »Leistung und Gegenleistung«: Die marktwirtschaftliche Konformität ist entsprechend gering. Bei den direkten Steuern, die nicht mit konkreten Gegenleistungen verbunden sind, fehlt der marktwirtschaftliche Zusammenhang gänzlich. Folgerichtig kommen direkte Steuern in der Marktwirtschaft nur als ultima ratio, als letztes Instrument der Finanzierung staatlicher Leistungen in Frage!

Die indirekten Steuern schneiden marktwirtschaftlich entschieden besser ab als die direkten Steuern. Es ist beabsichtigt, daß sie über den Marktmechanismus auf die Konsumenten überwälzt werden. Je mehr jemand besteuerte Güter und Dienste konsumiert, desto größer ist sein Beitrag zur Finanzierung von Staatsleistungen. Die Finanzwissenschaft bezeichnet zu Recht die indirekten Steuern als »Marktsteuern«! Sie passen in der Tat – in einer konformen Ausgestaltung (und Zweckbindung) – zur Marktwirtschaft. Zugleich haben sie einen herausragenden Vorteil: Konsumiert wird, nach individuellen Präferenzen, freiwillig: Die indirekten Steuern fallen nur entsprechend an. Bei den direkten Steuern hat man keine Wahl, man muß sie einfach bezahlen.

Noch konformer als indirekte Steuern sind Marktpreise, Gebühren und Beiträge, denn sie richten sich nach individuellen oder gruppenmäßigen Leistungen. Hier sind die Nutznießer bekannt, sie können entsprechend belastet werden. Es ist nur folgerichtig, diese Abgaben zum dominierenden Element des marktwirtschaftlichen Finanzierungssystems zu machen: Die traditionellen Steuern werden dabei entscheidend zurückgestuft oder scheiden sogar aus.

1. Marktpreise, wo immer möglich!

Ist der Staat in der Produktion von Gütern und Diensten tätig, die marktfähig sind, so versteht es sich von selbst: Hier ist zu re-privatisieren! In zahlreichen Ländern ist die Grundstoff- und Schwerindustrie verstaatlicht. Es sind in der Regel die gleichen Staaten, welche die Banken und Versicherungen nationalisiert haben. Darüber hinaus kümmert sich der Staat auch um die Herstellung von Massengütern, wie z.B. Automobilen, für die es funktionierende Märkte gibt. Und nicht zuletzt: Der Staat hat öfters zur Sozialisierung Zuflucht genommen, um nicht mehr konkurrenzfähigen Unternehmen und Branchen einschneidende Konsequenzen zu ersparen. Je höher der Anteil der verstaatlichten Unternehmen ist, desto deutlicher wird es: Hier werden die Marktkräfte nicht akzeptiert!
Wohin diese Politik führt, dazu gibt es ein reichhaltiges Anschauungsmaterial: Arbeiten Staatsbetriebe mit Verlusten, so deckt die öffentliche Hand diese mit Subventionen ab. Auf diese Weise wird ihnen der Druck genommen, zu rationalisieren und redimensionieren. Die erforderlichen technologischen Innovationen werden verzögert oder verpaßt. Man wird –

hoffnungslos – abgehängt. Um Arbeitsplätze zu retten, die nicht konkurrenzfähig sind, stockt der Staat das konsumierte »Eigenkapital« auf. Damit wird erneut Zeit gewonnen, doch in der Regel nicht zu Rationalisierungen und Redimensionierungen. Das Spiel beginnt von neuem. Ist der Staat nicht mehr imstande, die Verluste – inzwischen – über eine wachsende Verschuldung (im Ausland) zu übernehmen, so ist es endlich soweit: Was noch gesund ist, wird verkauft, eben re-privatisiert. Die kranken Elemente müssen eliminiert werden: Massenentlassungen und Betriebsschließungen sind an der Tagesordnung, wohlverstanden auch unter sozialistischen Regierungen. Ist es soweit, so wird es der Letzte begreifen: Die jahrzehntelange Mißwirtschaft hätte man sich besser erspart.

Ist der Staat nicht willig, alles zu re-privatisieren, was marktfähig ist, so muß er bereit sein, seine Unternehmen ohne Ausnahmen den Marktkräften auszusetzen. Er hat die Pflicht, die Wettbewerbsneutralität zwischen privaten und öffentlichen Unternehmen zu gewährleisten. Geraten letztere in rote Zahlen, so darf er diese unter keinen Umständen mit Subventionen abdecken. Dann – und nur dann – sehen sich seine Unternehmen gezwungen, aus eigener Kraft wieder zu gesunden: Sie werden rationalisieren, redimensionieren und innovieren! Die anstehenden Probleme können so, in kleinen Schritten gelöst werden. Das erspart jene großen Einschnitte, die später unvermeidlich werden, wenn die Situation unhaltbar geworden ist.

Man kann nicht genug betonen: Der Staat darf auch

privaten Unternehmen und Branchen keine Subventionen gewähren, wenn sie mit dem Strukturwandel Mühe haben: Solche Hilfen waren stets der Einstieg in spätere Sozialisierungen. Was man nicht beginnt, muß man nicht fortsetzen. Die Wirtschaft vollzieht den wachstumsbedingten und wachstumserforderlichen Strukturwandel und bleibt dabei konkurrenzfähig. Die Arbeitsplätze sind so abgesichert und es fließen keine Subventionen in »Fässer ohne Boden«! Die Steuerzahler werden entsprechend verschont.

2. Gebühren für individuelle Leistungen

Gebühren können und sollen überall dort angewendet werden, wo die individuellen Nutznießer und Verursacher bekannt sind. Das ist in weiten Bereichen der Staatstätigkeit der Fall. Dazu zählen u. a. die Versorgung mit Wasser und Energie, die Entsorgung, die Post, das Fernmeldewesen, der straßen- und schienengebundene Verkehr, das Unterrichts- und Gesundheitswesen. Hier sind mehr oder weniger massive Subventionen im Spiel: Der Staat verbilligt solche Leistungen, obwohl sie jeweils beim einzelnen finanziell wenig oder kaum ins Gewicht fallen. Hier liegt eine herausragende Quelle der staatlichen Defizitwirtschaft. Es versteht sich daher von selbst: Kostendeckende Gebühren würden in dieser und anderer Beziehung eine willkommene Abhilfe schaffen. Der Druck, diese Leistungen wirtschaftlicher zu erbringen, würde stark zunehmen. Das Ergebnis. Die Kosten sinken, die Steuerzahler werden entlastet:

Nicht nur der Vollständigkeit halber ist zu bemerken: Wo die individuellen Nutznießer und Verursacher feststehen, da kann auch re-privatisiert werden. Das erfolgt mit oder ohne Auflagen im öffentlichen Interesse. Kosten, die durch Auflagen entstehen, sind in der Marktwirtschaft mit Subventionen abzugelten. Jene, die man zwingt, für die Allgemeinheit tätig zu werden, haben ein Anrecht darauf, daß diese ihre Leistungen – da externe Erträge – entsprechend honoriert werden. Und noch ein Problem: Handelt es sich, wie nicht selten, um »natürliche Monopole«, so darf der Staat nicht darauf verzichten, die Tarife und Gebühren dieser Unternehmen zu überwachen. Sie sind allerdings so anzusetzen, daß Gewinne möglich werden. Diese sind nämlich Voraussetzung für eine gesunde Selbstfinanzierung und die Bezahlung von angemessenen Dividenden auf das Aktienkapital. Auf die Frage, ob ein Unterschied zwischen re-privatisierten und öffentlichen (Monopol-)Unternehmen besteht, gibt es eine empirisch erhärtete Antwort: Die privatwirtschaftliche Variante ist effizienter. Es liegt daher im Interesse der Nutznießer zu re-privatisieren.

Wendet man sich den einzelnen Bereichen zu, so stößt man auf recht unterschiedliche Probleme. Es kommt darauf an, ob man mit autonomen oder mit einander verknüpften Aktivitäten zu tun hat. Im günstigen Fall, gibt es keine Beziehungen zwischen einzelnen Bereichen, es kann abschließend geregelt werden. Herrscht aber Konkurrenz, wie z.B. zwischen »Schiene und Straße«, so ist eine marktwirtschaftliche Koordinierung nötig.

Wo die Konkurrenz fehlt, sind kostendeckende Gebühren zu erheben: Die Nutznießer oder Verursacher zahlen individuell für empfangene Vorteile oder die von ihnen verursachten Kosten. So können die Müllbeseitigung, die Wasserreinigung, die Versorgung mit Wasser, Elektrizität, Erdgas und Erdöl, die Post und das Fernmeldewesen finanziert werden. Bei der Ansetzung der Gebühren sind Verzinsung und Tilgung des Fremdkapitals zu berücksichtigen. Die Tarife sind entsprechend der Nachfrageentwicklung im Tagesablauf zu variieren, so z.B. Tag- und Nachtstromtarif.
Im Verkehrswesen finanziert sich jeder Verkehrsträger in vollem Umfang selbst, er arbeitet kostendekkend. So bleiben die Defizite aus, die der Staat heute abdeckt. Jeder lokale, regionale und nationale Verkehrsträger erhebt kostendeckende Gebühren und zwar unabhängig davon, ob er straßen- oder schienengebunden ist. Zugleich arbeitet auch jede Sparte eines Verkehrsträgers kostendeckend. Das schließt z.B. bei den Bahnen eine Subventionierung des Personen- zu Lasten des Güterverkehrs aus. Verteilungspolitisch bedingte Tarifverbilligungen kommen nicht in Frage. Unterdeckungen lassen sich, wenn überhaupt, nur betriebswirtschaftlich rechtfertigen. Sie bedingen aber anderswo Mehreinnahmen, um insgesamt die Kostendeckung zu erreichen.
Insbesondere beim schienengebundenen Verkehr kann die Kostendeckung Defizite zur Folge haben, da manche Strecken keine ausreichende Frequenz aufweisen. Betriebswirtschaftlich ist es nur folgerichtig, sie nicht mehr zu betreiben. Dem steht nicht

selten das öffentliche Interesse entgegen. Der Staat erläßt entsprechende Betriebs- oder Leistungsauflagen. Die resultierenden Mehrkosten hat er dann selbst zu übernehmen. Hier handelt es sich um gemein-wirtschaftliche Leistungen, sie sind entsprechend zu honorieren.

Nun ist noch auf einen marktwirtschaftlichen Grundsatz hinzuweisen. Er ist beim Straßenverkehr besonders wichtig: Die Gebühren dürfen nicht nur nach den betriebswirtschaftlichen Kosten bemessen werden. Zusätzlich sind auch die sozialen oder externen Kosten zu berücksichtigen, die von einzelnen Verkehrsträgern verursacht werden. Im Falle des Straßenverkehrs geht es u.a. um die negativen Auswirkungen von Lärm und Abgasen, die Unfallkosten und die Zeitverluste bei Staus. Diese sozialen Kosten haben ein erhebliches Ausmaß angenommen; werden sie ihren Verursachern nicht angelastet, so erfolgt eine Fehlsteuerung: Der entsprechende Verkehrsträger deckt seine gesamtwirtschaftlichen Kosten nicht, die Folge sind entsprechende Fehlleistungen im Einsatz von Ressourcen.

Marktwirtschaftlich ist es unbedingt erforderlich, daß zwischen den einzelnen Verkehrsträgern, insbesondere Straße und Schiene, Wettbewerbsneutralität herrscht. Doch das ist nur der Fall, wenn alle externen Kosten internalisiert und diskriminierende Subventionen ausbleiben. Hier muß es sich von selbst verstehen: In dem Maße wie Wettbewerbsverzerrungen vorliegen, sind sie voll abzubauen. Dies erfolgt am besten dadurch, daß jene Verkehrsträger, die im Wettbewerb benachteiligt sind, von jenen subventio-

niert werden, die einen entsprechenden Vorteil genießen. Wird die Bahn gegenüber der Straße diskriminiert, so sind solange zusätzliche Gebühren im Straßenverkehr zu erheben, bis der Wettbewerbsnachteil beseitigt ist.
Insbesondere im Straßenverkehr sind Gebühren mit unverhältnismäßig hohen Erhebungskosten verbunden. Außerhalb der Autobahnen kommen sie ohnehin nicht in Frage. Daher bieten sich Zwecksteuern auf den Treibstoff an, es werden Benzin-, Mineralöl- oder Treibstoffsteuern erhoben: Sie sind im Rahmen einer marktwirtschaftlichen Verkehrspolitik ausschließlich zweckgebunden zu verwenden.
Für die Anwendung von Gebühren eignet sich das Erziehungswesen ganz besonders. Hier ist vom Kindergarten bis hin zu den Hochschulen im einzelnen bekannt, wer Nutznießer ist. Die Kostenrechnung gibt keine besonderen Probleme auf, kostendeckende Gebühren können ermittelt werden. Aber auch hier gibt es verteilungspolitische Hindernisse: Je größer die Kinderzahl und niedriger die Einkommen privater Haushalte sind, desto rascher kommt es zu einer finanziellen Überforderung. Der Staat kann und muß entsprechende Abhilfe schaffen: Er kommt für jene auf, die selbst keine genügende Zahlungs- und Leistungsfähigkeit aufweisen. Den entsprechenden Finanzbedarf deckt er aus allgemeinen Haushaltsmitteln ab.
Im Hochschulbereich drängen sich zu Lasten der Nutznießer kostendeckende Gebühren auf. Sie werden mit Darlehen an die Studenten finanziert. Freilich wird man nicht darauf verzichten dürfen, Darle-

hen nur zeitlich beschränkt zu gewähren. Über die Verzinsung und die Modalitäten der Rückzahlungen kann man diskutieren, doch die Darlehenskasse, oder wie diese Institution auch immer heißen mag, muß finanziell autonom sein: Sie finanziert sich selbst!

Nun wird man zu Recht einwenden: Es gibt Studienrichtungen wie z.B. die Medizin, die aus der Sicht der Studierenden sehr kostspielig sind. Daher wird sich mancher Absolvent fragen, ob er ein solches Risiko eingehen möchte oder nicht? Je größer die Zurückhaltung ist, desto wahrscheinlicher wird: Es zeichnen sich Engpässe ab. Um diese zu beheben, kann der Staat Anreize geben. Er zahlt Prämien, d.h. Subventionen an jene, die sich bereit erklären, z.B. Medizin zu studieren. Diese können einkommensgerecht bemessen und mit Auflagen versehen werden. So z.B. wie lange jemand den geförderten Beruf später auszuüben hat. Andernfalls wäre es nur folgerichtig, daß er die spezifische Förderung an den Staat zurückbezahlen würde.

In vollem Umfang können kostendeckende Gebühren zur Finanzierung des Gesundheitswesens herangezogen werden. Erforderlich ist eine repräsentative Kostenrechnung, um jene leistungsgerecht belasten zu können, die Benützer des Gesundheitswesens sind. Damit wird ein substanzieller Beitrag zum Abbau staatlicher Defizite, insbesondere auf kommunaler und regionaler Ebene, geleistet. Die volle Kostenüberwälzung auf die Nutznießer ist mit »Mehr Markt« im expandierenden Gesundheitswesen verbunden: Es trägt zur fälligen Kostendämpfung bei.

Wer finanziell überfordert ist, der kommt zeitlich und betragsmäßig unbeschränkt in den Genuß der Leistungen der Groß-Risiken-Versicherung, die obligatorisch ist. Hat er mit den hohen Prämien Probleme, so entlastet ihn der Staat davon einkommensorientiert. Den verteilungspolitischen Erfordernissen wird so ausreichend Rechnung getragen. Darüber hinaus, das versteht sich von selbst, liegt es im Ermessen des einzelnen, ob und in welchem Umfang er sich freiwillig versichern möchte. Allerdings muß er hier die Folgen allfälliger Versäumnisse selbst tragen. Nur so wird er selbstverantwortlich – in jeder Beziehung – vorsorgen!

3. Beiträge für gruppenmäßige Leistungen

Hier geht es nicht um einzelne Nutznießer von Staatsleistungen, sondern um Gruppen von ihnen. Das klassische Beispiel sind die Erschließungs-, insbesondere aber die Straßenanliegerbeiträge. Die Kosten der Infrastruktur werden auf die Nutznießer umgelegt. Anvisiert wird die ganze Gruppe, bezahlen müssen aber die einzelnen. Damit wird die enge Beziehung zu den kostendeckenden Gebühren deutlich. Beiträge (und Gebühren) sind das prädestinierte – äquivalenzpolitische – Instrument zur Finanzierung der staatlichen Infrastruktur. Heranzuziehen sind hier sowohl die privaten Haushalte als auch die Wirtschaft, jeweils nach Maßgabe ihrer Beanspruchung der Infrastruktur.
Der entscheidende Unterschied zwischen Gebühren

und Beiträgen besteht aber darin, daß Beiträge schon im Hinblick auf die mögliche Inanspruchnahme von Staatsleistungen erhoben werden: Sie sind das klassische Finanzierungsinstrument der Sozialversicherung. Man zahlt an die Arbeitslosenversicherung für den Fall von Arbeitslosigkeit. Beiträge an die Krankenkassen werden für den Ernstfall der Krankheit entrichtet. Und schließlich: In die Altersversicherung zahlt man ein, um nach der Pensionierung eine (existenzsichernde) Rente zu beziehen. Wird man weder arbeitslos noch krank noch pensioniert, so erfolgen die Einzahlungen ohne tatsächliche Nutznießung! Man sorgte eben für Wechselfälle des Lebens vor, die nicht eintraten. Es versteht sich von selbst, daß damit jene unterstüzt werden, die Leistungen der Sozialversicherung beanspruchen: Es kommt so zu einer entsprechenden Umverteilung von Einkommen.

Grundsätzlich ist es möglich und richtig, sämtliche Träger der sozialen Sicherheit mit individuellen Beiträgen jener Gruppen zu finanzieren, die jeweils potentielle Nutznießer sind. Die Beiträge sind so zu bemessen, daß sie ausreichen, um die erwünschten Leistungen zu finanzieren. Dabei werden sogar individuelle Konten geführt, so vor allem bei der Altersversicherung. Die einzelnen Institutionen können organisatorisch und finanziell verselbständigt werden. Dem Staat verbleibt die Aufgabe, die gemachten Auflagen periodisch zu überprüfen und ihre Durchführung zu überwachen. Und zur Erinnerung: Er bezahlt keine Subventionen oder Transfers an die Sozialversicherung. Die Wirtschaft und die privaten Haushalte regeln ihre soziale Absicherung unabhängig voneinander. Die Finanzierung ist entsprechend getrennt. Dann müssen jeweils Konsequenzen gezogen werden, wenn die Beiträge (zusammen mit den möglichen Fonds) nicht mehr ausreichen, um die fälligen Leistungen zu erbringen. Ein Ausweichen auf andere Finanzierungsquellen ist nicht (mehr) möglich!

Je mehr man die Beiträge nach der Zahlungs- und Leistungsfähigkeit der (potentiellen) Nutznießer bemißt, desto mehr nähern sich die Beiträge den Zwecksteuern. Hier werden Abgaben erhoben, die in einem losen oder gar keinem Zusammenhang mehr mit individuellen Leistungen stehen. Ein typisches Beispiel ist die teilweise oder volle Zweckbindung der personellen Einkommenssteuer zur Finanzierung der sozialen Absicherung in der Marktwirtschaft.

4. Zielgerechte Zwecksteuern

Zwecksteuern sind als Ersatz für Gebühren zu erheben, wenn deren Erhebungskosten zu hoch sind. Das ist bei Straßen- und Autobahngebühren der Fall, insbesondere bei einem dichten Netz von Ein- und Ausfahrten. Hier ist es viel günstiger, die Erdölerzeugnisse entweder bei den Produzenten, Verarbeitern oder den Verteilern zu belasten. Die entsprechenden Zweckabgaben sind u.a. als Benzin- oder Mineralölsteuern bekannt. Mit ihnen erreicht man zwar nicht die Feinabstimmung auf die tatsächlichen empfangenen Leistungen wie bei den Gebühren, die gruppenmäßige Äquivalenz ist aber gesichert.

Es sollte sich von selbst verstehen: Zwecksteuern müssen zielgerecht gebunden werden! Die Belastung des Straßenverkehrs darf nicht für die Finanzierung z. B. von Subventionen an die Landwirtschaft oder an die Krankenkassen verwendet werden: Solche Zweckentfremdungen sind systemwidrig. Es ist jedoch zu beachten, daß das gesamte Verkehrssystem sich aus verschiedenen Elementen zusammensetzt, so dem Straßen-, Wasser-, Bahn- und Luftverkehr. Das ruft nach einer marktwirtschaftlichen Konzeption für den Gesamtverkehr. Die Finanzierung ist entsprechend zu gestalten. Vorrangig geht es um die Vermeidung und Beseitigung von Wettbewerbsverzerrungen: Ziel ist die Wettbewerbsneutralität. Um dies zu verwirklichen, ist es richtig und erforderlich, einzelne Verkehrsträger zu Lasten der anderen mit Abgaben zu belegen. Der eine Verkehrsträger subventioniert den anderen.

Der Staat zwingt nicht selten einzelne Verkehrsträger, Leistungen im öffentlichen Interesse zu erbringen, die betriebswirtschaftlich ausbleiben würden. Diese Zusatzleistungen sind mit Subventionen abzugelten. Es stellt sich daher die Frage, wie diese zu finanzieren sind? Die Antwort lautet: Zusatzbelastungen jener Verkehrsträger, die von solchen Auflagen verschont werden. Die Folge ist eine Umverteilung von Geld zwischen den einzelnen Verkehrsträgern nach Maßgabe der erbrachten bzw. nicht erbrachten gemeinwirtschaftlichen Leistungen. Eine solche Finanzierung hat den entscheidenden Vorteil, daß das ganze Verkehrssystem ohne den Staatshaushalt zu beanspruchen, finanziert werden kann.

Das Verkehrswesen, insbesondere der Straßenverkehr, ist das Paradebeispiel für soziale Kosten aufgrund von Umweltschäden, Unfällen, Verkehrstoten, Staus und vor allem: Noch unbekannte Langzeitwirkungen! Die Marktwirtschaft verlangt hier – und anderswo – die Anlastung der sozialen Kosten bei ihren Verursachern. Die Internalisierung hat über geeignete Instrumente wie u.a. Gebühren und Zwecksteuern zu erfolgen. Sie dürfen sich nicht nur auf die betriebswirtschaftlichen Kosten einzelner Verkehrsträger beschränken, sondern müssen darüber hinaus die sozialen Kosten voll einbeziehen. Nur so ist eine gesamtwirtschaftliche optimale Steuerung des Verkehrswesens möglich. Das Verursacherprinzip ist, wo nur möglich, integral anzuwenden, so im Umweltschutz und überall dort, wo soziale Kosten auftreten. Dabei ist es nicht zu verantworten, sozialpolitisch bedingte Kompromisse zu machen, wenn die soziale Absicherung anderswo erfolgt ist. Sowohl im Umweltschutz als auch im Gesundheitswesen ist von Lenkungssteuern die Rede. Doch je nachdem wie Gebühren und Zwecksteuern ausgestaltet werden, gibt es kaum Unterschiede zu den Lenkungssteuern. Letztlich kommt es nicht auf den Namen einer Abgabe, sondern auf ihre Ausgestaltung und ihren Einsatz an. Entscheidend ist die richtige Zweckbindung, die Systemkonformität. Darum geht es auch vor allem bei den speziellen Verbrauchssteuern auf Alkohol und Nikotin, die ein gemeinsames Ziel haben: Einen gesundheitsschädlichen Konsum einzudämmen. Damit ist auch hier die Frage nach der Zweckbindung gestellt.

5. Spezielle Verbrauchssteuern

Noch heute werden zahlreiche spezielle Verbrauchssteuern erhoben, die zu einer Zeit eingeführt wurden, als die moderne Einkommenssteuer noch nicht existierte. Damals hielt der Staat Ausschau nach jenen Gütern, deren Konsum als nicht-lebensnotwendig oder als »Luxus« angesehen wurde. Typische Beispiele sind Zucker, Tee und Kaffee! Dem Staat ging es nicht etwa um die Lenkung dieses Konsums, sondern ausschließlich um Einnahmen. Seine Argumentation lief aber unübersehbar auf eine besondere Leistungsfähigkeit jener hinaus, die sich bestimmte Güter leisten konnten. So kam es auch zur Besteuerung von Alkohol und Nikotin, zwei ergiebige Einnahmequellen!

In einer objektiven Betrachtung ist es um die speziellen Verbrauchssteuern schlecht bestellt. Sie sind nur in Ausnahmefällen zu rechtfertigen. In der Finanzwissenschaft ist es üblich, sie lediglich für Güter des höheren Lebensbedarfs in Betracht zu ziehen. Die Einkommenselastizität der Nachfrage muß größer als Eins sein. Akzeptiert man diese Regel, so müssen die Einkommenselastizitäten periodisch überprüft werden. Jene für Zucker, Tee, Kaffee, Bier, Wein oder Zigaretten sind nicht erst heute kleiner als eins. Von einem »Luxuskonsum« kann schon lange keine Rede mehr sein. Daher ist eine Flurbereinigung bei den speziellen Verbrauchssteuern überfällig. Hier nimmt der Fiskus willkürliche Belastungen vor, um so zu Einnahmen zu gelangen, die den anerkannten Grundsätzen, selbst der traditionellen Steuerlehre, zuwiderlaufen. Er verfolgt rein fiskalische Ziele. Zieht er die Konsequenzen, so wird es nur ausnahmsweise spezielle Verbrauchssteuern geben. Sofern es sich hierbei um sogenannte Bagatellsteuern handelt, sind sie ohnehin abzuschaffen. Ihr Ertrag steht in keinem vertretbaren Verhältnis zu ihren Erhebungskosten.

Für spezielle Verbrauchssteuern gibt es ein marktwirtschaftliches Argument. Ist der Konsum bestimmter Güter mit externen Kosten verbunden, so sind entsprechende Spezialsteuern angezeigt. Es ist das Verursacherprinzip anzuwenden. Wer anderen Kosten verursacht, der hat dafür finanziell geradezustehen. In dem Maße wie der Konsum von Alkohol und Nikotin mit gesundheitlichen Schäden verbunden ist, fallen die Behandlungskosten im Gesundheitswesen an. Damit sind u. a. auch Arbeitsausfälle, andere Krankheiten, Invalidität und vorzeitige Pensionierung verbunden. Im Ausmaße dieser Kosten sind Alkohol und Nikotin durch spezielle Verbrauchssteuern zu belasten: Externe Kosten und Steuereinnahmen müssen übereinstimmen. Und es versteht sich von selbst: In Frage kommt nur eine konsequente Zweckbindung eben zur Abgeltung von Kosten, die durch den Konsum verursacht wurden.

6. Die Mehrwertsteuer bleibt!

Der Staat nimmt einige Aufgaben wahr, die allgemeinen Charakter haben. Dabei erbringt er Leistungen nicht nur für einzelne oder Gruppen, sondern eben für jedermann, für das Volk. Seine klassischen Aufgaben sind, auch im Nachtwächterstaat, die innere und äußere Sicherheit, das Rechtswesen und die Zentralverwaltung. In diesem Zusammenhang spricht man von der institutionellen Infrastruktur. Damit sind jene unverzichtbaren Leistungen gemeint, die ein Staatswesen erst funktionsfähig machen. Sie haben Priorität vor allen anderen staatlichen Aktivitäten.

Es versteht sich von selbst: Kommen Leistungen jedermann zugute, ob der einzelne sie wünscht oder nicht, so sind sie mit entsprechenden Steuern zu finanzieren: Am besten mit einer allgemeinen Umsatzsteuer. Sie trifft, wenn überwälzt, die einzelnen nach Maßgabe ihres Konsums. Es bedarf keiner langen Begründung: Die Mehrwertsteuer ist die bessere Variante der Umsatzbesteuerung. Sie ist ergiebig und vor allem wettbewerbsneutral, die Investitionen werden verschont. Man hat es mit einer reinen Konsumbesteuerung zu tun.

Ihre Ausgestaltung hat, da die soziale Absicherung anderswo erfolgt, verteilungsneutral zu erfolgen. Konkreter: Die überwälzte Mehrwertsteuer darf die personelle Einkommensverteilung nicht verändern, die effektive Lastverteilung hat proportional zu sein. Das erreicht man mit einer entsprechenden Entlastung der lebensnotwendigen Güter: Die unteren Einkommensschichten konsumieren einen höheren Prozentsatz ihres verfügbaren Einkommens als die oberen Einkommensschichten. Sie tragen entsprechend mehr überwälzte Mehrwertsteuer. Die Entlastungen müssen soweit gehen, daß dieser Effekt neutralisiert wird. Das kann durch einen verminderten Steuersatz auf die Güter des lebensnotwendigen Konsums geschehen. In der Praxis gibt es auch Freilisten, die festhalten, welche lebensnotwendigen Güter befreit sind. Doch das sind technische Details, entscheidend ist die Einkommensneutralität der Mehrwertsteuer.

An sich ist es folgerichtig, die Mehrwertsteuer ausschließlich für allgemeine Staatsleistungen zweckzubinden. Die andere, ergiebige Steuer, nämlich jene auf die Einkommen privater Haushalte ist für die soziale Absicherung reserviert. Je mehr Zweckbindungen zum Zuge kommen, desto wahrscheinlicher ist: Letztlich wird es stets einen gewissen Finanzbedarf geben, für den nicht zweckgebunden vorgesorgt wurde oder vorgesorgt werden kann. Hier bietet sich die Mehrwertsteuer als (Not-)Reserve an. Da sie sehr ergiebig und wettbewerbsneutral ist, ist sie die beste Finanzierungsquelle für jene Aktivitäten, die aus welchen Gründen auch immer nach dem Äquivalenzprinzip zu kurz kommen. Um einem Mißverständnis vorzubeugen: Auch bei der Mehrwertsteuer gibt es Grenzen, die zu beachten sind. Ist ihre Belastung zu hoch, so weicht man ihr – legal oder illegal – aus.

Und nun eine weitere Zweckbindung: Die Finanzierung der äußeren Sicherheit, der Militärausgaben, ist im Laufe der letzten Jahrzehnte zunehmend unter den Druck des Wohlfahrtsstaates und der finanziellen Engpässe in den öffentlichen Haushalten geraten. Eine leistungsfähige Verteidigung ist auf eine ergiebige und flexible Zweckfinanzierung angewiesen, die von allen mitgetragen wird. Diesen Anforderungen genügt am besten ein Zuschlag zur Mehrwertsteuer. Er wird jährlich nach dem Finanzbedarf des Verteidigungsministeriums festgelegt. So und nur so wird verhindert, daß die Abwehrbereitschaft eines Landes unter jene Schwelle sinkt, ab der keine nationale Sicherheit mehr erzeugt wird!

7. Gleiche Besteuerung aller Unternehmen

Vorweg eine wichtige Bemerkung: Unternehmungssteuern dürfen nicht in die Umverteilung von Einkommen eingespannt werden. Ihre Steuern sind möglichst verteilungsneutral auszugestalten. Die Finanzwissenschaft weist seit Jahrzehnten regelmäßig darauf hin, daß das Leistungsfähigkeitsprinzip der Besteuerung nur für natürliche, nicht aber für juristische Personen gilt. Nur physische Personen haben einen Nutzen, eine Bedürfnisbefriedigung aus Erträgen, Gewinnen oder Einkommen. Daraus wird geschlossen: Die Gewinnsteuer muß, wenn systemgerecht, einen proportionalen Steuertarif aufweisen. Das gewährleistet zwar, daß eine Umverteilung ausbleibt, wie sie über die Progression zustandekommt, aber: Die Einnahmen aus der Gewinnbesteuerung können für verteilungspolitische Maßnahmen verwendet werden. Dem ist in der Marktwirtschaft, nachdem ihre soziale Absicherung geregelt ist, der Riegel vorzuschieben. Die Gewinnsteuer müßte zur Finanzierung von Staatsleistungen, die der Wirtschaft zugute kommen, jedoch mit anderen Abgaben nicht abgegolten wurden, zweckgebunden werden. Je mehr das Nutznießer- und Verursacherprinzip zum Zuge kommt, desto weniger hat die Gewinnsteuer in einem marktwirtschaftlichen Finanzierungssystem des Staates Platz. Im günstigsten Fall ist auf die Gewinnsteuer zu verzichten. Dafür sprechen u.a. folgende Gründe, die man bisher zu wenig beachtet hat:

1. Nicht-ausgeschüttete Gewinne dienen der Selbstfinanzierung. Diese ist Voraussetzung für Investitionen und Innovationen und letztlich für die Existenz eines jeden Unternehmens.

2. Je leistungsfähiger Unternehmen sind, desto sicherer werden die Arbeitsplätze. Die Arbeitnehmer müssen daher ein vitales Interesse an der Selbstfinanzierung der Unternehmen, ihrer Arbeitgeber, haben.

3. Selbst der Steuerstaat kommt nicht zu kurz: Kapital- und leistungsstarke Unternehmen sind nicht auf staatliche Hilfe angewiesen. Sie finanzieren sich selbst und entlasten so die Staatskasse. Diese bleibt von finanziell gewichtigen Ansprüchen verschont.

4. Unternehmen tätigen Umsätze, die das Objekt der Mehrwertsteuer sind. Expandierende Unternehmen und Branchen sind für den Fiskus besonders interessant. Durch Wachstum zeichnen sich aber gut finanzierte und entsprechend dynamische Unternehmen aus.

5. Übernehmen die Unternehmen in vollem Umfange die Kosten der sozialen Absicherung in der Arbeitswelt selbst, so sind sie ihrer sozialen Verpflichtung voll nachgekommen.

6. Und nicht zuletzt: Die an private Haushalte ausgeschütteten Gewinne werden von der personellen Einkommenssteuer erfaßt. Diese wird nach der individuellen Zahlungs- und Leistungsfähigkeit erhoben und in den Dienst der sozialen Absicherung natürlicher Personen gestellt.

Nun stellt sich die Frage: Gibt es überhaupt Argumente für die Gewinnsteuer? Auch die Wirtschaft zieht Nutzen aus den allgemeinen Staatsleistungen wie jenen der inneren und äußeren Sicherheit, des Rechtswesens und der allgemeinen (Zentral-)Verwaltung. Das ist entsprechend abzugelten. Und nun noch ein steuertechnisches Argument: Wird auf die Gewinnsteuer verzichtet, so fehlt jede Kontrolle im Kostengebaren von Unternehmen. Die Gefahr ist nicht zu übersehen, daß es zu einer massiven Verlagerung von Kosten aller Art von den steuerpflichtigen privaten Haushalten in die steuerfreien Unternehmen und damit in die Wirtschaft kommt. Was man bei der persönlichen Einkommenssteuer nicht absetzen kann, das versucht man sich im Unternehmen – auf die eine oder andere Weise – zu beschaffen. So und anders kommt ein gewichtiger Zufluß an Naturaleinkommen zu Lasten der Wirtschaft zustande. Doch das dient nicht der Unternehmung, sondern ist privater Verbrauch, eben zu Lasten von anderen.

Und nun ein alt-bekanntes Postulat: Alle Unternehmen sind unabhängig von ihrer Rechtsform, ob Einzelfirma, Aktiengesellschaften oder Genossenschaften, steuerlich gleich zu behandeln. Sie werden der sogenannten Betriebssteuer unterworfen. Diese gewährleistet die marktwirtschaftlich erforderliche Wettbewerbsneutralität. Belastet werden hier nur die nicht-ausgeschütteten Gewinne, um so die Doppelbesteuerung von Gewinnen – vor und nach der Ausschüttung – zu vermeiden. Auch das ist ein altes, steuerliches Postulat, dem bisher nicht überall nachgelebt wurde.
Nicht minder wichtig ist die Frage: Wie sind die Gewinne zu ermitteln? Zum einen hat die Betriebssteuer zur Folge, daß steuerliche Vergünstigungen entfallen. Kein Unternehmen und keine Branche erhält eine Sonderregelung. Das ist ein bedeutender Beitrag für mehr Steuergerechtigkeit. Zum anderen ist es überfällig, bei den zulässigen Abzügen aller Art, insbesondere dem »Spesenrittertum«, größtmögliche Zurückhaltung zu üben. Das ist leichter gesagt als getan, aber: Kosten, die nicht in einem engen und damit unvermeidlichen Zusammenhang mit der unternehmerischen Funktion stehen, dürfen künftig nicht abgesetzt werden. Diese »Abzugswirtschaft« muß schon deshalb beendet werden, damit jenen kein schlechtes Beispiel mehr gegeben wird, die weder von der Wirtschaft profitieren noch ihr wohlwollend gesinnt sind. Und nun noch eine Forderung: Die Betriebssteuer und die Einkommenssteuer sollen den gleichen (Höchst-)Steuersatz aufweisen: Das schafft Neutralität in bezug auf die Entschei-

dung, ob Gewinne einbehalten oder ausgeschüttet werden sollen.

Was in der Marktwirtschaft keinen Platz hat, das sind jene Unternehmungssteuern, die nicht die Erträge, sondern die Substanz anvisieren. Sie konsumieren unternehmerisch eingesetztes Kapital und sind entsprechend kontra-produktiv. Aber auch jene Steuern, die beim rechtlichen Vorgang ansetzen, haben keine Berechtigung. Das wohl verstanden auch nicht nach den traditionellen Grundsätzen der Besteuerung. Hier geht es u.a. um die Gründung und die Erhöhung des Kapitals von Unternehmen, um Emissionsabgaben: Darüber hinaus sind auch jene Abgaben nicht gerechtfertigt, die den (Börsen-)Handel mit Aktien, Obligationen und anderen Finanzierungsinstrumenten von Unternehmen belasten. Steuersystematisch gehören diese Dienstleistungen zur Mehrwertsteuer. Ihre Wertschöpfung ist aber so gering, daß es sich nicht lohnt, sie der Mehrwertsteuer zu unterwerfen: Sie zählen zu jenen Ausnahmen, die man deshalb macht, weil die Steuererträge im Verhältnis zu den Erhebungskosten ungünstig abschneiden. Und schließlich ist auch von Kapital- und Vermögenssteuern sowie von Liegenschaftssteuern abzusehen: Sie alle sind mit einem Konsum an Substanz verbunden. Letztlich schwächen sie die kapitalmäßige Grundlage der Wirtschaft, was auf die Erträge durchschlägt. Das bedingt entsprechende Ausfälle bei der Gewinnsteuer.

Je konsequenter das Nutznießer- und Verursacherprinzip in der Wirtschaft angewendet wird, desto wahrscheinlicher ist es: Die bezahlten Gewinnsteuern übertreffen die anteilsmäßigen Kosten jener allgemeinen Leistungen, wie z. B. der inneren und äußere Sicherheit, die der Staat auch für die Wirtschaft erbringt. Er pumpt aus ihr mehr heraus, als marktwirtschaftlich vertretbar ist. Die – steuerzahlenden – Unternehmen leisten so einen substanziellen Beitrag zur Finanzierung von Ausgaben, die ihnen nichts bringen. Auch das ist eine Umverteilung, nämlich von der Wirtschaft in die privaten Haushalte. So sehr der Steuerstaat diese Reserve begrüßen mag, um so notwendiger ist es: Der Gewinnbesteuerung müssen – in der Verfassung – systemgerechte Grenzen gezogen werden!

Denkt man gemäß »Leistung und Gegenleistung«, so werden Unternehmen, die geringe oder keine Gewinne erwirtschaften, entsprechend schwach oder gar nicht in die Finanzierung allgemeiner Leistungen zugunsten der Wirtschaft und darüber hinaus eingespannt. Dem ist Rechnung zu tragen, so durch den – wiederholbaren – Verlustvortrag und einen zeitlich unbeschränkten Verlustausgleich. Es geht nicht an, die Gewinnsteuer so zu gestalten, daß Gewinne stets in vollem Umfange, Verluste aber nicht entsprechend berücksichtigt werden. Da Unternehmen langfristig – ohne Staatskrücken – nicht ohne Mindest-Gewinne existieren können, ist Gewähr geboten, daß sie alle, wenn auch (sehr) unterschiedlich, in die Finanzierung des Steuerstaates nach Maßgabe ihres Nutzens aus allgemeinen Staatsleistungen einbezogen werden. Je weniger dies aber zutrifft, desto wichtiger ist es: Individuelle und gruppenmäßige Leistungen des Staates an Unternehmen mit entsprechenden –

kostendeckenden – Gebühren und Zwecksteuern abgelten zu lassen. Damit nähert man sich dem Äquivalenzprinzip und der Wettbewerbsneutralität der Besteuerung, es kommt in der Tat zu »Mehr Markt«!

8. Die Einkommenssteuer im Dienste der sozialen Absicherung

Kommt das Äquivalenzprinzip in seinen verschiedenen Varianten im größtmöglichen Umfang zum Zuge, um (allokative) Staatsleistungen zu finanzieren, so geht es noch um die Finanzierung einer systemkonformen sozialen Absicherung. Zur Erinnerung: Der Staat hat Einkommensausfälle so auszugleichen, daß die materielle Existenz von Privatpersonen nicht gefährdet ist. Zugleich schreibt er eine (obligatorische) Groß-Risiken-Versicherung vor, die jedermann gegen individuell nicht tragbare Kosten von Wechselfällen des Lebens schützt. Das ist Soziale Marktwirtschaft, mehr kommt nicht in Frage, denn das wäre Wohlfahrtsstaat!

Es versteht sich von selbst, daß die Einkommenssteuer so auszugestalten ist, daß sie der sozialen Absicherung möglichst entspricht. Dazu gehört ein echtes Existenzminimum! Dieses ist unter Berücksichtigung der Größe und des Bedarfs eines privaten Haushaltes zu bestimmen. Dabei ist lokalen und regionalen Unterschieden gerecht zu werden, die Mindesteinkommen müssen repräsentativ sein. Möchte man, aus welchen Gründen auch immer, darauf verzichten, und landesweit einheitliche Ein-

kommen gewährleisten, so wird man um »Ergänzungsleistungen« nicht herumkommen. Diese setzen aber einen entsprechenden Bedarfsnachweis voraus, ähnlich oder gleich wie bei der Sozialfürsorge. Je differenzierter hier gearbeitet werden kann, desto »knapper« ist der Einkommensausgleich zu bemessen: So ist der Anreiz entsprechend gering, auf eigene Anstrengungen zu verzichten und von der sozialen Absicherung zu leben!
Jede Reform der Einkommenssteuer ist mit der zentralen Frage konfrontiert: Was ist Einkommen? Die Praxis macht zahlreiche Ausnahmen, diese haben die Grundlagen der Einkommensbesteuerung beträchtlich ausgehöhlt. Hier ist Remedur zu schaffen, denn: Steht die Einkommenssteuer künftig ausschließlich im Dienste der sozialen Absicherung, so ist es entscheidend, die Zahlungs- und Leistungsfähigkeit der Individuen gründlich und umfassend in Erfahrung zu bringen.

1. Die Einkommen aus unselbständiger Arbeit geben erfahrungsgemäß kaum Probleme auf: Die Löhne und Gehälter werden ausgewiesen. Immerhin darf man nicht übersehen: Auch Unselbständige können sich ersatzweise oder zusätzlich in der Schattenwirtschaft betätigen. So beziehen sie zusätzlich Einkommen für Leistungen außerhalb der Arbeitszeit und auch das kommt vor: Sie arbeiten – als Arbeitslose – schwarz!

2. Die Selbständigen sind in bezug auf die Erfassung ihrer Einkommen entschieden problematischer als

die Unselbständigen: Sie können eher der Einkommenssteuer – legal oder illegal – ausweichen: Zum einen gibt es keinen »Lohnausweis« und zum anderen ist der Spielraum für das »Spesenrittertum« erheblich: Als »privater Haushalt« und »Unternehmung« zugleich sind die Möglichkeiten groß, Einkommenselemente von der einen auf die andere Seite zu verlagern, um Steuern zu sparen. Es versteht sich hier von selbst: Der Steuerveranlagung und -kontrolle kommt hier erhöhte Bedeutung zu.

3. Der Einkommenssteuer sind sämtliche Erträge aus dem beweglichen und unbeweglichen Vermögen zu unterwerfen. Soweit überhaupt möglich ist das »Quellenabzugsverfahren« anzuwenden: So wird die Steuerhinterziehung wirksam bekämpft. Man muß sich aber bewußt sein: Etablieren sich Geld- und Kapitalmärkte außerhalb des Landes, wie z.B. der Euromarkt oder in »Freizonen«, so ist es mit der Quellenbesteuerung aus: Hält man im Inland daran fest, so weichen die Anleger entsprechend aus.

4. In der Steuerlehre spielen sogenannte »reale Werte der Bedürfnisbefriedigung« eine wichtige Rolle. Einkommen, die jemandem nicht als »Zahlung«, sondern in Naturalleistungen zufließen, sind ebenfalls Einkommen, so der Eigenverbrauch z.B. in der Landwirtschaft oder die kostenlose Verpflegung und Wohnung zu Hause. Sie sind weiterhin zu besteuern. Auf die Erfassung der »Hausarbeit«, die in der Regel »Hausfrauenarbeit« ist, ist auch künftig zu verzichten. Dasselbe gilt für die »Mietwerte dauerhafter

Konsumgüter«, insbesondere die Wohnungs- und Hausnutzung des Eigentümers, die Eigenmiete. Das hat eine nicht unwichtige Implikation: Zinsen auf Konsumkredite und auf Hypotheken zu Lasten von Eigentumswohnungen und Häusern, die der Eigentümer selbst bewohnt, sind nicht abzugsfähig. Die Mieter dürfen ihre Mietkosten nicht von ihren Einkommen absetzen. Es ist daher nur folgerichtig, von den Konsumenten und Eigentümern dasselbe zu fordern.

5. Nun eine wichtige Reform: Kapitalgewinne aller Art, ob sie mit beweglichen oder unbeweglichen Objekten gemacht werden, sind nichts anderes als ein Zuwachs an Einkommen. Sie erhöhen die Zahlungs- und Leistungsfähigkeit wie z.B. Einkommen aus unselbständiger Arbeit. Ob jemand Gewinne mit Aktien, Obligationen, unbebauten oder bebauten Grundstücken oder beim Verkauf eines Unternehmens realisiert: Diese Gewinne sind ohne Unterschied der Einkommenssteuer zu unterwerfen. Das ist die Anwendung des Grundsatzes, wonach alle Einkommensarten zum steuerpflichtigen Gesamteinkommen zu addieren sind. Ausnahmen verstoßen gegen dieses Prinzip, sie werden zu Recht von jenen nicht verstanden, die ihr Einkommen voll versteuern müssen.

Der übliche Einwand lautet: Werden Kapitalgewinne besteuert, so leidet darunter die Investitions- und Risikobereitschaft. Daran können weder der Steuer- noch der Sozialstaat interessiert sein. Weniger Investitionen verursachen geringeres Wachstum, was sich

entsprechend negativ auf die Steuereinnahmen auswirkt. Ist die Wirtschaft nicht leistungsfähig, so vermag sie jene Lasten nicht zu tragen, die ihr mit Steuern und Sozialabgaben aufgebürdet wurden. Das ist alles nicht zu bestreiten, doch: Zum einen kommt es auf den Steuertarif und seinen Höchstsatz an. Zum anderen ist es wichtig, wie die Lasten der sozialen Absicherung auf die Wirtschaft und die privaten Haushalte erfolgt. Eine marktwirtschaftliche Steuerreform würde hier entscheidende Erleichterungen gegenüber den aktuellen – wohlfahrtsstaatlichen – Belastungen mit sich bringen. Sind die sozial-marktwirtschaftlichen Anpassungen erfolgt, so dürfen die entsprechenden Grundsätze nicht vor den Kapitalgewinnen haltmachen!
Es gibt gute Gründe, zwei Ausnahmen zu machen. Verkauft jemand eine Wohnung oder ein Haus, das er selbst bewohnt, weil er z.B. umzieht, so ist es richtig, ihm eine bestimmte Frist einzuräumen, am neuen Wohnort wieder Eigentümer zu werden. In diesem Falle würde er von der Kapitalgewinnsteuer verschont. Möchte der Fiskus subtiler vorgehen, so kann er das verkaufte und das gekaufte Objekt vergleichen und den Gewinn entsprechend in die Besteuerung einbeziehen. Analog kann auch bei der Veräußerung von Unternehmen (durch Privatpersonen) verfahren werden: Kauft jemand innerhalb einer bestimmten Frist ein neues Unternehmen im Inland, so ist er nicht einkommenssteuerpflichtig. Handelt es sich um unterschiedlich große Objekte, so setzt die Besteuerung lediglich an der Differenz an: Hier gewinnt das Argument an Gewicht, daß Vermö-

gen und Gewinne eben in Unternehmen (re-)investiert und nicht dem Konsum zugeführt werden. Die wirtschaftliche Substanz, an der sowohl Unternehmen als auch Arbeitnehmer interessiert sind, bleibt so intakt: Der Fiskus darf sie nicht konsumieren.

6. Auch Erbschaften und Schenkungen sind nichts anderes als ein Zuwachs an Zahlungs- und Leistungsfähigkeit: Sie sind daher als Einkommen anzusehen und entsprechend zu besteuern, doch gilt auch hier wie anderswo der marktwirtschaftliche Grundsatz. Die Steuern dürfen nicht an der wirtschaftlichen Substanz zehren. Das hat folgende Konsequenzen: Erbschaften und Schenkungen gehen steuerfrei aus, wenn sie nicht konsumiert, sondern investiert bleiben oder werden. Man kann sich darüber unterhalten, ob sämtliche Invesitionsarten, so z. B. Staatsanleihen, zugelassen werden sollen oder nicht. Ist man konsequent, so ist kein Unterschied zu machen, denn sonst schont man nur Investitionen, die direkt in Unternehmen erfolgen. Auf jeden Fall sind geerbte oder geschenkte Beteiligungen an Unternehmen von der Einkommenssteuer zu befreien, denn sie gehen in vollem Umfange an die wirtschaftliche Substanz. Eines ist schließlich nicht zu vergessen. In dem Maße wie Investitionen, welcher Art auch immer, Erträge abwerfen, werden sie von der Einkommenssteuer erfaßt.
Wenn es um die Substanz geht, so sind auch Vermögenssteuern systemwidrig. Sie sind, in welcher Form auch immer, abzuschaffen, aber: Wenn Vermögen dem Konsum zugeführt werden, liegt eine Zahlungs-

und Leistungsfähigkeit genau wie bei anderen Einkommenselementen vor. Dann darf es keinen Zweifel mehr geben: Die Einkommenssteuer muß hier uneingeschränkt zum Zuge kommen. Das gilt auch für Erbschaften und Schenkungen, wenn sie nicht investiert bleiben oder werden, sondern dem Konsum dienen. Noch anders ausgedrückt: Investierende Unternehmer zahlen keine Erbschafts-, Schenkungs- und Vermögenssteuern, konsumierende Personen dürfen jedoch nicht verschont werden. Die Anreize zu investieren sind entsprechend hoch, das wirkt der Erosion der Eigenfinanzierung entgegen.

An sich ist es selbstverständlich, man muß es aber unmißverständlich sagen: Der Fiskus darf nicht nur sämtliche Kapitalgewinne erfassen und belasten, er muß die Kapitalverluste in vollem Umfange berücksichtigen. Das kann zur Folge haben, daß Einkommen verschwinden und entsprechend Verluste bei der Einkommenssteuer auftreten. Notwendig ist daher ein zeitlich unbeschränkter Verlustausgleich: Verluste dürfen immer wieder vorgetragen werden. Der Fiskus könnte dabei jahrelang leer ausgehen. So beteiligt er sich nicht nur an den gelungenen, sondern auch an den mißlungenen Kapitalanlagen.
Ein zentrales Problem der Einkommenssteuer ist die »Abzugswirtschaft«. Je höher die Steuerbelastung stieg und je mehr man die Progression verschärfte, desto mehr kam es zu Erleichterungen: Sie haben die Einkommensbesteuerung in erheblichem Maße ausgehöhlt. Die Einkommenssteuer spielt nun – in einem marktwirtschaftlichen Finanzierungssystem

für den Staat – eine stark verminderte Rolle. Zudem steht sie im Dienste der sozialen Absicherung. Es ist daher nur folgerichtig, mit Abzügen sehr zurückhaltend zu sein und diese systemgerecht zu gestalten.

1. Die Kinderzahl wird – zur Erinnerung – bei der Bestimmung des steuerfreien Existenzminimums berücksichtigt. Um einem Mißverständnis vorzubeugen: Es wird jemand nicht dafür honoriert, weil er (viele) Kinder hat. Es wird lediglich dem Umstand Rechnung getragen, daß er diese Kinder aus seinem Einkommen zu ernähren hat. Das ist das Leistungsfähigkeitsprinzip, das auf die individuelle Bedürfnisbefriedigung Rücksicht nimmt.

2. Da keine dauerhaften Konsumgüter – auch nicht Wohneigentum – als »reale Werte der Bedürfnisbefriedigung« der Einkommensbesteuerung unterworfen werden, sind Zinszahlungen für Konsumkredite oder für Hypotheken auf Wohneigentum nicht abzugsfähig.

3. Die soziale Absicherung erfolgt derart, daß niemand mehr in seiner materiellen Existenz gefährdet ist. Darüber hinaus liegt es an ihm, ob und wie er freiwillig vorsorgen möchte. Die entsprechenden Prämien an private und öffentliche Versicherungen und Krankenkassen dürfen demnach nicht vom Einkommen abgezogen werden. Solche Abzüge nützen nämlich jenen mehr, die eine überdurchschnittliche Zahlungs- und Leistungsfähigkeit aufweisen. Ihre Entlastung pervertiert die Einkommensbesteuerung.

4. Man kann es nicht genug betonen: Die Kosten, die der Einkommenserzielung dienen, dürfen nicht überhöht abgesetzt werden. Sie müssen möglichst dem tatsächlichen Aufwand entsprechen, denn sonst laufen sie auf Steuervergünstigungen hinaus. Hier ist das »Spesenrittertum« besonders hervorzuheben.

5. Nicht zuletzt: Der Verlagerung von Kosten aller Art und von Einkommen vom Unternehmen in den privaten Haushalt und umgekehrt ist der Riegel vorzuschieben. Denn hier gibt es zahlreiche und gewichtige Entlastungen bei der Einkommenssteuer, die dem Grundsatz der Zahlungs- und Leistungsfähigkeit zuwiderlaufen.

Und nun zum Tarif der Einkommenssteuer: Die Progression ist, wie wir wissen, ein Mißverständnis aus dem vorigen Jahrhundert. Sie ist abzuschaffen und durch einen proportionalen Tarif, einen einzigen Steuersatz, zu ersetzen. Wer die sozial-marktwirtschaftliche Zahlungs- und Leistungsfähigkeit nicht erreicht, der bezahlt keine Einkommenssteuer. Alle übrigen opfern sich gleichmäßig für die soziale Absicherung. Ist die Progression weg, so ist es nicht mehr möglich, daß die erdrückende Mehrheit der Nutznießer, die Minderheit jener, die mittlere und hohe Einkommen beziehen, ausbeutet. Auch hier kehren wir zu mehr Steuergerechtigkeit zurück. Abgesehen davon, entfallen die bekannten negativen Auswirkungen der – scharfen – Progression und der zu hohen Durchschnittsbelastung weitgehend.
Und noch eine Bemerkung: In der laufenden steuer-

politischen Diskussion taucht regelmäßig das Postulat auf, die inflationsbedingte Aufblähung der Einkommen sei zu beseitigen. Die Einkommen müssen von der Geldentwertung bereinigt sein, bevor sie besteuert werden. Das ist bei der progressiven Einkommensteuer richtig, da man eben aufgrund der inflatorischen Einkommensvermehrung in höhere Steuersätze gerät. Ist die Progression aber weg, so entfällt dieses Argument.
Die Gefahr ist groß, daß auch mit einer erneuerten Einkommenssteuer, die für die soziale Absicherung zweckgebunden ist, Mißbrauch betrieben wird. Man hält laufend nach sozial-berechtigten Absicherungen Ausschau, auch wenn diese nicht systemkonform sind. Auf Dauer würde die Belastung durch die Einkommenssteuer – so oder anders – wieder zunehmen und so an Grenzen stoßen. Um dem vorzubeugen, ist es angezeigt, einen Höchstsatz von 25 Prozent in der Verfassung zu verankern. Nur so können die Politiker daran gehindert werden, mit der Einkommenssteuer erneut das anzurichten, was sie in den letzten hundert Jahren gemacht haben. Dieser Höchstsatz ermöglicht sogar mehr Einnahmen, als für die systemkonforme soziale Absicherung erforderlich sind. So verbleibt eine Notreserve für »außergewöhnliche Situationen«. Und schließlich: Aufgrund der engen Verflechtung zwischen der Gewinnsteuer als Betriebssteuer und der Einkommenssteuer natürlicher Personen ist es folgerichtig, beide Steuern mit dem gleichen Satz zu versehen: Jener der Betriebssteuer ist ebenfalls auf 25 Prozent zu begrenzen und entsprechend in der Verfassung zu verankern. Das

gewährleistet u. a. die Neutralität zwischen den beiden Steuern. Der Anreiz, Verlagerungen von der einen in die andere Steuer vorzunehmen, um so Steuern zu sparen, wird beseitigt.

Nun steht das marktwirtschaftliche Finanzierungssystem in groben Zügen fest. Darin erscheinen zahlreiche – traditionelle – Abgaben nicht mehr, andere wurden umfunktioniert. Sie werden nur erhoben, wenn Vermögenswerte aller Art zu Konsumzwecken aufgelöst werden. Damit ist ein herausragender Grundsatz angesprochen: Sämtliche Steuern, welche an die Substanz gehen, haben in der Marktwirtschaft keinen Platz. Sie schwächen die Leistungsfähigkeit einer jeden Volkswirtschaft und sind daher entsprechend systemwidrig. Das hat nichts mit dem Schutz der »vermögenden Schichten« zu tun: Wenden diese sich nämlich mit ihrer Substanz dem Verbrauch zu, so werden sie bei der Einkommenssteuer, welche der sozialen Absicherung dient, in vollem Umfang erfaßt. Aufzuheben sind zahlreiche Bagatellsteuern, die oft nur erhoben werden, um Minderheiten zu treffen, ohne mit einem Ertrag verbunden zu sein, der in einem tragbaren Verhältnis zu den Erhebungskosten steht: Nicht wenige Steuern werden hier als Selbstzweck, ohne jegliche Berechtigung erhoben. Ihre Beseitigung macht das Finanzierungssystem zudem transparenter und einfacher.

Auf einen zentralen Sachverhalt wurde bei der laufenden Reformdiskussion kaum eingegangen. Selbst nach traditionellen Grundsätzen der Besteuerung, sind zahlreiche Steuern nicht mehr gerechtfertigt. So insbesondere jene auf rechtliche Vorgänge wie die

Gründung von Unternehmen, den Abschluß von Versicherungen, den Handel mit Wertpapieren und die Käufe bzw. Verkäufe von Immobilien. Entstehen dabei Gewinne oder Einkommen, so werden diese von entsprechenden Steuern erfaßt. Die getätigten Umsätze, die Kauf- bzw. Verkaufspreise, sind bei der Mehrwertsteuer in dem Maße steuerpflichtig, als ausreichend Wertschöpfung oder Netto-Umsätze vorliegen.

Aus dem Steuersystem sind u. a. zu eliminieren: Alle Stempel- und Emissionsabgaben, die Börsenumsatzsteuern und die Grunderwerb- bzw. Handänderungssteuer, die beim Handel mit Grundstücken anfällt. Sie belasten in einem erheblichen Umfang kapitalmäßig Transaktionen und gehen entsprechend an die Substanz. Und nicht zuletzt: Über die Gewerbesteuer – in der Bundesrepublik – ist soviel Negatives geschrieben worden, daß man nur staunen kann, daß sie noch immer erhoben wird. Doch auch darüber hinaus ist eine Flurbereinigung – wohlverstanden – innerhalb des traditionellen Steuersystems seit Jahrzehnten überfällig. Es ist an der Zeit, daß der Steuerstaat mit dem guten Beispiel vorangeht und sich an jene Grundsätze der Besteuerung hält, denen er selbst seit den Anfängen der modernen Demokratie zum Durchbruch verholfen hat: Er könnte damit erheblich an Glaubwürdigkeit gewinnen.

Systemgerechte Staatsverschuldung

Nicht nur das Einnahmensystem, sondern auch die Schuldenpolitik des Staates muß zur Marktwirtschaft passen, nur dann ist sie systemkonform. Vorweg ist zu bemerken: Eine Normalverschuldung im Sinne permanenter Defizite der Staatshaushalte ist nicht zulässig, denn: sie ist Ausdruck der Unfähigkeit der einzelnen Regierungen (und Parlamente), die Staatsfinanzen unter Respektierung der Grenzen der Besteuerung zu sanieren. Sie sind nicht willens und in der Lage, die Staatsausgaben so anzupassen, daß es keine Defizite gibt. Wer sie als normal betrachtet, der darf die Augen vor der langfristigen Entwicklung nicht schließen: Die Neu-Verschuldung nimmt jedes Jahr zu, in schwierigen Zeiten wird sie beschleunigt. Der Staat läuft auf die Zahlungsunfähigkeit zu. Doch der Staatsbankrott kann nicht das Ziel der staatlichen Finanzpolitik sein!
Letztlich kommt es darauf an, wofür der Staat sich verschuldet. Hier ist es notwendig, vorerst zwischen Konsum und Investitionen zu unterscheiden. Die Konsumausgaben schaffen keine ökonomischen Gegenwerte wie z. B. eine verbesserte Infrastruktur,

welche die gesamtwirtschaftliche Leistungsfähigkeit erhöht und daher mit zusätzlichen Einnahmen für den Staat verbunden ist. Sie verpuffen jeweils bei ihrer Verausgabung. Und zur Erinnerung: Werden staatliche Konsumausgaben mit Krediten finanziert, so erben die kommenden Generationen nur Schulden. Sie müssen diese verzinsen und tilgen, was sie entsprechend ausbeutet. Das widerspricht dem Postulat einer gerechten Lastverteilung zwischen den Generationen: Eine Verschuldung für staatlichen Konsum ist grundsätzlich abzulehnen!

Theoretisch eignen sich kreditfinanzierte Konsumausgaben wie z.B. Sozialleistungen in hohem Maße zur Überwindung einer Rezession: Sie erhöhen die Nachfrage und verbessern Beschäftigung und Einkommen. Nähert sich die Konjunktur ihrem Höhepunkt, so sind diese Ausgaben zu senken: Es kommt zu Überschüssen, welche die Konjunktur dämpfen. Am Ende eines jeden Konjunkturzyklus stimmen die Defizite aus der Rezession mit den Überschüssen aus der Hochkonjunktur überein: die Netto-Verschuldung ist gleich Null.

Die Praxis sieht leider anders aus: Der Staat ist zwar zu Defiziten, nicht aber zu – entsprechenden – Überschüssen fähig. Er produziert daher eine Netto-Verschuldung. Es kommt hinzu: Er verpaßt stets den konjunkturgerechten Zeitpunkt, um expansiv oder kontraktiv zu wirken. In dem Maße wie er jeweils zu spät handelt, verstärkt er den Konjunkturzyklus, er verhält sich prozyklisch! Nicht zuletzt deshalb, verlangt die Finanzwissenschaft ein konjunktur-neutrales Verhalten der staatlichen Finanzpolitik.

Versucht der Staat seine Investitionen antizyklisch zu variieren, so ist das grundsätzlich richtig, doch: Während die Konsumausgaben sich relativ rasch auswirken, gibt es bei den Investitionen erhebliche zeitliche Verzögerungen. So verstreicht Zeit bis Aufträge tatsächlich ausgelöst werden. Noch länger dauert es, bis die Investitionen durchgeführt sind. Mehrere Jahre sind hier die Regel. Es versteht sich daher von selbst: Die öffentlichen Investitionen können gar nicht konjunkturgerecht eingesetzt werden. Sie wirken sich prozyklisch aus. Doch daraus ist folgerichtig zu schließen: Auf den konjunkturpolitischen Einsatz ist zu verzichten!

In der Finanzwissenschaft wurden die Vor- und Nachteile der konjunkturorientierten Finanzpolitik nahezu erschöpfend ausdiskutiert. Das Ergebnis ist eindeutig: Der Staat soll sich so verhalten, als ob es keine Konjunkturschwankungen geben würde. So wendet er sich den mittel- und vor allem langfristigen Aspekten zu, er verstetigt seine Steuer- und Ausgabenpolitik. Das ist mit zahlreichen Vorteilen verbunden. Erstens wird der Ausbau der Infrastruktur langfristig geplant und – ohne Schwankungen – verwirklicht. Das liegt z. B. auch im Interesse der Bauwirtschaft. Zweitens ist der private Sektor über die langfristigen Absichten des Staates informiert. Überraschungen insbesondere in der Steuerpolitik bleiben aus. So können die vielfältigen Anpassungen an kurzfristige Änderungen des Steuerrechts vermieden werden. Drittens wirkt sich die Verstetigung der Finanzpolitik stabilisierend auf den wirtschaftlichen Ablauf aus. Der Staatsanteil ist nämlich sehr hoch.

Zu den »sicheren Fällen« der Staatsverschuldung gehören Kriege: Sie sind mit einem sprunghaften Anstieg der Militär- und Staatsausgaben verbunden, es ist zumindest technisch ausgeschlossen, die Steuerbelastung entsprechend anzupassen und Defizite zu vermeiden. Das ist allerdings auch nicht erwünscht, denn: Eine derartige Erhöhung des Steuerdrucks ist mit negativen Auswirkungen auf den Arbeitseinsatz, das Sparen und die Investitionen verbunden. Das kann und will sich kein Land in einem Krieg leisten. Und es kommt hinzu: Die Steuerhinterziehung würde stark zunehmen. Im weiteren ist es nicht gerecht, Kriegsausgaben ausschließlich mit Steuern zu finanzieren. Jene Generationen, die später von einer erfolgreichen Landesverteidigung profitieren, sind entsprechend in die Finanzierung einzubeziehen. Das erreicht man mit einer kriegsbedingten Verschuldung, die in Friedenszeiten verzinst und getilgt wird. Ging der Krieg aber verloren, so sind die Nachkriegsgenerationen – mehr oder weniger – benachteiligt: Hier sind Währungsreformen angebracht, die mit einem Verzicht auf die Verzinsung und Tilgung von Kriegsschulden kombiniert werden. Die Kreditfinanzierung von Kriegen ist der Ausnahmefall, darüber hinaus sind marktwirtschaftliche Regeln für die Finanzierung der Staatsausgaben in »Friedenszeiten« entscheidend. Die Krise des Steuerstaates, die Anfang der siebziger Jahre begann, produziert seither permanente Defizite, die nicht von Militärausgaben stammen. Das ist das neue Element in der Verschuldung der Industrieländer gegenüber früheren Krisen des Steuerstaates, die jeweils in

Zusammenhang mit großen Kriegen auftraten. Die einschlägige Frage ist daher: Für welche zivilen Zwecke darf sich der Staat verschulden? Die Antwort lautet: Nur für – bestimmte – öffentliche Investitionen.

An erster Stelle rangieren die sogenannten »rentablen Investitionen«! Sie werfen – jährlich – Erträge ab, die ausreichen, um Kredite zu verzinsen und zu tilgen. Der Schuldendienst ist gesichert. Es handelt sich um die klassische Regel zur Kreditfinanzierung von Staatsausgaben, die im Anschluß an die napoleonischen Kriege formuliert wurden. Davon wurde in der weltwirtschaftlichen Depression der 1930er Jahre Abschied genommen. Damals wurden die Schleusen für eine Verschuldung geöffnet, die keinen Unterschied zwischen Konsum und Investitionen macht und ausschließlich im Dienste der Ankurbelung der Gesamtnachfrage mit dem Ziele der Vollbeschäftigung steht. Ist die Wirtschaft nicht vollbeschäftigt, so gibt es entsprechend keine Grenzen der Staatsverschuldung. Und noch mehr: Der Steuerstaat hat selbst bei Vollbeschäftigung nicht halt vor der Netto-Verschuldung gemacht.

Die unverzichtbare Reform besteht in der zielgerechten Zweckbindung auch der Staatsverschuldung für öffentliche Investitionen. Dabei ist allerdings zwischen direkt und indirekt rentablen Investitionen zu unterscheiden. Die ersten sind im privatwirtschaftlichen Sinne rentabel, sie werfen finanzielle Erträge ab, die ausreichen, um zu verzinsen und zu tilgen. In diesem Fall gibt es seit jeher keine Bedenken für die Kreditfinanzierung. Die zweiten Investitionen wei-

sen lediglich eine Umwegrentabilität auf: Sie fördern die wirtschaftliche Entwicklung und erzeugen dabei zusätzliche Einnahmen für den Staat. Daraus kann der Schuldendienst bestritten werden. So gesehen sind solche Kredite auch für die Gläubiger sicher.
Es ist aber unbedingt erforderlich, den Schuldendienst durch zweckgebundene Einnahmen zu gewährleisten. Andernfalls ist die Gefahr groß: Die Einnahmen werden zweckentfremdet. Sie fehlen entsprechend, wenn es um die ordnungsmäßige Verzinsung und Tilgung von Krediten für öffentliche Investitionen mit nur indirekter Rentabilität geht. Hier hat der Steuerstaat zunehmend gesündigt und früher reichlich fließende Steuereinnahmen nicht für Tilgung, sondern schwergewichtig für konsumtive Staatsausgaben verwendet. Dabei kamen auch seine Investitionsausgaben unter Druck. Seit längerem vernachlässigt er den Ausbau der Infrastruktur: Er hat die Vorbedingungen wirtschaftlichen Wachstums entsprechend verschlechtert.
Spätestens hier wird die strategische Rolle des Äquivalenzprinzips deutlich: In dem Maße wie Preise, Gebühren, Beiträge und Zwecksteuern erhoben werden, die jeweils für die entsprechenden Objekte und Bereiche zweckgebunden sind, ist auch der Schuldendienst gesichert. Die Zweckentfremdung wird ausgeschlossen. Die öffentlichen Investitionen finanzieren sich sozusagen von selbst, was zugleich den Weg für ihre zukunftsgerechte Gestaltung frei macht. Sie werden nicht mehr das Opfer der Wohlfahrtspolitik, die wirtschaftlichen Grundlagen verbessern sich! Innerhalb des Steuerstaates vollzieht sich eine Verlagerung

weg vom Konsum hin zu den Investitionen: Die Trends der letzten Jahrzehnte werden gebrochen, in der Infrastruktur geht es wieder aufwärts.
Die Kreditfinanzierung von Investitionen mit Umwegrentabilität läßt sich, rein technisch gesehen, in gewissem Umfang ohnehin nicht vermeiden. Es ist daher nicht angezeigt, die Verschuldung auf die direkt rentablen Investitionen zu beschränken. Einnahmen aus der Infrastruktur, so z.B. Autobahnen oder Krankenhäuser, können erst – nach Äquivalenzarten – fließen, wenn die Anlagen erstellt und in Betrieb genommen wurden. Eine Vorfinanzierung über Kredite ist unvermeidlich. Dies ist insbesondere dann der Fall, wenn der Staat neue Aufgaben in der Infrastruktur übernimmt: Er benötigt entsprechende Finanzmittel, um überhaupt an die Realisierung heranzugehen. Doch zuvor ist es unabdingbar, den Schuldendienst zu sichern und die – spätere – Zweckentfremdung von Einnahmen zu verhindern.
Öffentliche Investitionen aller Art können und sollen auch mit Eigenmitteln finanziert werden: Die Fremdfinanzierung ist möglichst zu begrenzen. Nimmt der Staat – auf allen Ebenen – traditionelle Aufgaben wahr, so zeigt ihm eine langfristige Planung, welche Objekte, wann in welchem Umfange zur Erneuerung oder Erweiterung fällig werden. Er kann daher entsprechende Rücklagen machen. Stammen sie aus allgemeinen Einnahmen, also nicht von Investitionen, so ist es nur folgerichtig: Die entsprechenden Beträge werden nur vorgeschossen, sie müssen ordnungsgemäß verzinst und getilgt werden. Der Staat betätigt sich damit als Kreditgeber! Doch das setzt

voraus, daß er zuvor Überschüsse in seiner ordentlichen Rechnung gemacht hat. Kennt man aber die Verschuldung seit Anfang der siebziger Jahre, so steht fest: Es fehlen jene Rücklagen, die er nun für den Ausbau der Infrastruktur mobilisieren könnte. Die Fremdfinanzierung nähert sich daher der 100 Prozent-Grenze!

Der Staat bewegt sich schwergewichtig in traditionellen, nicht in neuen Bereichen der Investitionstätigkeit: Hier ist es möglich, aus dem laufenden Betrieb über die Kostendeckung hinaus, Überschüsse zu erwirtschaften. Sie sind als Eigenmittel einzusetzen, die Verschuldung ist entsprechend rückläufig. Mit der zielgerechten Zweckbindung entfällt der Einwand, die Benützer der staatlichen Infrastruktur müßten höhere Gebühren oder Zwecksteuern entrichten, um Staatsausgaben zu finanzieren, von denen sie sozusagen nichts haben. Die Zweckentfremdung ist ausgeschlossen.

Wer die Geschichte des modernen Steuerstaates kennt, der hat keine Illusionen über sein künftiges Verhalten. Gerät er in finanzielle Engpässe, so wählt er den Weg des geringsten Widerstandes: Er verschuldet sich, solange wie möglich, bis zur Zahlungsunfähigkeit. Es ist daher unverzichtbar, der Staatsverschuldung unverrückbare Grenzen zu ziehen, und: Sie sind in der Verfassung zu verankern. Nur so werden die Politiker davor geschützt, den Steuerstaat immer wieder in Krisen und in den Bankrott zu treiben. Das mag zwar hart tönen, die Praxis der letzten Jahrhunderte läßt aber keinen anderen Schluß zu. Um der verantwortungslosen Schuldenwirtschaft Einhalt zu gebieten, sind folgende Grundsätze in die Verfassung aufzunehmen:

1. Der Staat darf sich für laufende oder regelmäßige und damit für Ausgaben, die keinen Investitionscharakter haben, unter keinen Umständen verschulden. Das ausdrücklich gesagt, auch nicht in konjunktur- oder beschäftigungspolitscher Hinsicht. Damit ist schon viel gewonnen. Der Steuerstaat muß sich im Rahmen seiner jeweiligen Möglichkeiten bewegen: Er kann seinen Konsum nicht über die Verschuldung und damit zu Lasten künftiger Generationen aufrechterhalten oder erweitern.

2. Die – verschuldungsfähigen – Investitionen sind namentlich zu erwähnen. Dabei ist klar zwischen jenen mit direkter und indirekter Rendite zu unterscheiden. Für jene Investitionsart ist eine Sonderrechnung zu führen. Nur diese gewährleistet die volle Kostentransparenz. Zugleich verhindert sie, daß Verlagerungen von Kosten und Einnahmen insbesondere in nicht damit zusammenhängende Bereiche erfolgen.

3. Es ist zu sichern, daß jeweils jene Äquivalenzarten zum Zuge kommen, die systemgerecht sind: Daher ist zu regeln, wann Preise, Gebühren, Beiträge und Zwecksteuern anzuwenden sind. Nur so ist die bestmögliche Abstimmung auf die empfangenen Leistungen oder die verursachten Kosten zu verwirklichen.

4. Und es versteht sich von selbst: Die volle Verzinsung und Tilgung der Schulden entsprechend der – realistischen – Lebensdauer der Anlagen ist ein verfassungsmäßiges Muß! Zugleich ist – wo technisch machbar – eine Mindest-Eigenfinanzierung von staatlichen Investitionen vorzuschreiben. Entsprechend sind die Abgaben aller Art höher anzusetzen.

5. Um Mißbräuchen vorzubeugen: Der Staat muß sich verpflichten, seine Investitionen nur nach wirtschaftlichen Kriterien zu gestalten: Er darf sie nicht in den Dienst der Umverteilung stellen. Die soziale Absicherung geschieht anderswo, und das ist entscheidend, unabhängig von der Bereitstellung von Staatsleistungen. Das verbietet die Subventionierung der Abgaben von Leistungen aus öffentlichen Investitionen: Eine zentrale Quelle staatlicher Defizite versiegt.

Die Tragweite einer systemgerechten Staatsverschuldung ist kaum zu überschätzen. Der Steuerstaat darf sich künftig nicht mehr für Konsumausgaben verschulden. Er sieht sich gezwungen, seinen ordentlichen Haushalt mit laufenden Einnahmen zu decken. Die finanziellen Folgen der wohlfahrtsstaatlichen »Geschenkwirtschaft« können nicht mehr auf künftige Generationen abgewälzt werden. Die nutznießende Generation ist nun selbst dran, sie allein bezahlt die Zeche!
Dem verschuldeten Steuerstaat bleibt nichts anderes mehr übrig, als seine Finanzen fundamental zu sanieren. So wird die Zahlungsunfähigkeit, der Staats-

bankrott, abgewendet. Das allerdings nur in jenen Ländern, die sich nicht jenseits des point-of-no-return befinden. Doch auch für die anderen Staaten lohnt es sich, zu einer systemkonformen Verschuldungspolitik zurückzukehren: Sie fallen nicht so tief in Armut und Zwang, der Neu-Beginn hat entsprechend bessere Voraussetzungen. Und nicht zuletzt: Jenseits des Staatsbankrotts kann nur die marktwirtschaftliche Finanzierung des Staates liegen. Dazu gibt es in der Tat keine Alternative. Je früher man sich dafür entscheidet, desto besser ist es um Freiheit, Gerechtigkeit und Wohlstand bestellt!

Mehr Freiheit, Gerechtigkeit und Wohlstand

Die marktwirtschaftliche Reform des Steuerstaates ist durchaus kein Selbstzweck. Es geht nicht nur darum, eine Alternative zur bisherigen, vom Wohlfahrtsstaat geprägten, Steuer- und Schuldenpolitik anzubieten. Letztlich stehen fundamentale Werte der modernen Demokratie, namentlich Freiheit, Gerechtigkeit und Wohlstand auf dem Spiel. Sie sind durch die wohlfahrtsstaatliche Entwicklung der letzten Jahrzehnte in zunehmendem Maße gefährdet. Dieser Trend darf sich nicht fortsetzen, er muß gebrochen und gekehrt werden. Das Ziel ist die Wende weg vom Wohlfahrtsstaat hin zur Sozialen Marktwirtschaft. Die marktwirtschaftliche Finanzierung des Staates ist zusammen mit der systemkonformen sozialen Absicherung ein unverzichtbares Element einer jeden zukunftsgerechten Wirtschafts-, Finanz-, Sozial- und Gesellschaftspolitik. Diese Reform ist danach zu beurteilen, welchen Beitrag sie in bezug auf die Freiheit, die Gerechtigkeit und den Wohlstand zu leisten vermag.

Mehr Freiheit ist insbesondere mit Re-Privatisierungen zu erreichen. Wirtschaftliche Aktivitäten werden aus dem staatlichen Sektor herausgelöst, dies mit oder ohne Auflagen. Sie werden nicht mehr »verwaltet«, sondern nach wirtschaftlichen Kriterien gestaltet. Das gereicht den Benützern zum Vorteil. Die Privatwirtschaft ist flexibel und dynamisch, wenn sie sich erneuern muß, um die ganze Volkswirtschaft leistungsfähiger zu machen. Nur über sie ist eine Wende möglich, sie ist mit mehr wirtschaftlicher Freiheit verbunden.

Mehr Freiheit bringen auch und vor allem De-Regulierungen, d. h. der Abbau von Regelungen und Schikanen. Das ist unbedingt erforderlich, um den Handlungsspielraum von Privaten und der Wirtschaft so zu erweitern, daß sie sich fundamental erneuern können. Die Lockerung und Beseitigung von Regelungen gilt zu Recht als der strategische Faktor zur Revitalisierung alternder Volkswirtschaften. »Weniger Bürokratie« ist unausweichlich geworden, um auf Dauer Stagnation und Niedergang zu vermeiden. Allerdings: Man muß sehr differenziert vorgehen, damit die De-Regulierungen in bestimmten Bereichen nicht dem Menschen und seiner Umwelt Schaden zufügen.

Mehr Freiheit geht vom Abbau überflüssiger Staatsleistungen aus. So von Überkapazitäten in der Versorgung mit öffentlichen Gütern und Diensten: Sie nützen letztlich niemandem, bedingen aber einen hohen finanziellen Aufwand. Sie binden Ressourcen, die produktiv im privaten Sektor eingesetzt werden könnten. Das verbessert den Wohlstand, dieser wirkt sich positiv auf die Freiheit aus. Die Schlankheitskur des Wohlfahrtsstaates ist, so und anders gesehen, kein Selbstzweck, sie ist mit großem Gewinn für jede freiheitliche Gesellschaft verbunden.

Mehr Freiheit erzeugen ganz besonders »Weniger Steuern«! Man kann sie in dem Maße senken, als die Staatsausgaben zurückgefahren werden. Aber noch wichtiger ist es, sie durch Äquivalenzarten – Preise, Gebühren, Beiträge – zu ersetzen. Hier bezahlt man lediglich im Falle der Beanspruchung von Staatsleistungen, wohlwissend, was man dafür im einzelnen vom Staat erhält. Steuern haben Zwangscharakter, ihr Abbau und Ersatz durch marktwirtschaftliche Abgaben beschert uns »Mehr Freiheit«. Auf jeden Fall: Man muß für Güter und Dienste nur in dem Maße zahlen, wie man sie konsumiert. Diese Möglichkeit gibt es bei den Steuern nicht, sie zwingen zu Einkommens- und Konsumverzichten, denen je nach Einkommensschicht nichts gegenübersteht.

Mehr Freiheit verschaffen Steuersenkungen, in dem sie die verfügbaren Einkommen erhöhen. Der Spielraum für Sparen und Konsum wird verbessert. Wer spart, sorgt selbst vor, er ist von staatlichen Sozialleistungen weniger oder gar nicht (mehr) abhängig. Er ist entsprechend freier. Sein selbstverantwortliches Handeln entlastet den Staat und die Steuerzahler. Wer möchte, der kann und darf nach seiner Wahl mehr konsumieren. Er muß nicht, wie beim Staat, Güter und Leistungen verbrauchen, die er anders oder gar nicht haben möchte. Und nicht zuletzt: Weniger Steuern stärken die Selbstfinanzierung der Wirtschaft. Das ist die entscheidende Voraussetzung für Investitionen und Innovationen und damit für mehr Wohlstand.

Mehr Freiheit hat die soziale Absicherung in der Marktwirtschaft zur Folge. Diese Sozialleistungen sind auch langfristig tragbar, niemand braucht um sie zu bangen. Ein Mehr an Freiheit ist gewiß. Es wird niemand mehr in die Finanzierung von Sozialleistungen eingespannt, auf die andere gar nicht angewiesen sind. Man wird nicht zu Einkommensverzichten gezwungen, die sozusagen keinen Sinn haben, denn: Für jene zu sorgen, die es selbst – über die Existenzsicherung hinaus – können, ist nicht die Aufgabe des Staates. Denn sonst verläßt er die Soziale Maktwirtschaft und begibt sich in den Wohlfahrtsstaat. Dieser expandiert – ungebremst – in den totalen Zwang!
Mehr Freiheit ist dadurch zu gewinnen, daß der Staatsbankrott abgewendet wird. Je mehr sich der Steuerstaat seiner Zahlungsunfähigkeit nähert, desto geringer wird sein Handlungsspielraum. Er muß sich überall einschränken, so auch in der sozialen Absicherung. Darüber hinaus lassen seine Leistungen in jeder Beziehung nach, sie verschlechtern sich rapide. Es gerät nun alles außer Kontrolle, der Zerfall des Staates ist nicht mehr aufzuhalten. Hier vollzieht sich eine Schlankheitskur, die schwergewichtig jene trifft, die einen leistungsfähigen (Steuer-) Staat benötigen. Die Armut breitet sich aus, und: arme Gesellschaften waren noch nie frei!

Mehr Gerechtigkeit kommt dadurch zustande, daß die Steuerhinterziehung infolge des Systemwechsels in der Finanzierung des Staates entscheidend abnimmt. Wer Steuern hinterzieht, der entlastet sich zu Lasten jener, die darauf verzichten. Der Staat hat einen bestimmten Finanzbedarf, den er – so oder so – decken muß. Fallen Steuerzahler aus, so erhöht er die Steuerbelastung, es kommt zu einer entsprechend ungleichmäßigen und damit ungerechten Beanspruchung der ehrlichen Steuerzahler. Hier darf man nicht übersehen: Wer im Rahmen des Äquivalenzprinzips Leistungen erhält, der bezahlt dafür Preise oder Gebühren. Ist er dazu nicht bereit, so wird er vom Konsum ausgeschlossen. Wer z. B. keine Autobahngebühr entrichten möchte, der wird zur Autobahn nicht zugelassen. Und noch ein Vorteil: Die Zahlungen für Güter und Dienste fallen jeweils in relativ geringen (Geld-)Beträgen an. Sie verteilen sich im Gegensatz zu den Steuern auf zahlreiche Beanspruchungen im Laufe des Jahres. Der Anreiz zu hinterziehen, ist entsprechend niedrig oder gar nicht gegeben. Nicht zuletzt: Das Gewicht der direkten Steuern nimmt entscheidend ab, ihre Belastung sinkt auf einen Prozentsatz, den die erdrükkende Mehrheit der Steuerpflichtigen für angemessen halten dürfte: Sie werden ihre Steuern nun ehrlich(er) zahlen.

Mehr Gerechtigkeit wird derart verwirklicht, daß den Steuern weniger ausgewichen wird. Sie spielen eine hinfort untergeordnete Rolle, der Anreiz und Zwang, sie legal zu meiden, nimmt entscheidend ab. In dem Maße nämlich wie Steuern ausgewichen wird, erleidet der Staat Einbußen bei den Einnahmen: Er macht das über eine erhöhte Belastung wett. Doch dies trifft jene, die nicht ausweichen können oder wollen. Um den Steuern auszuweichen, muß man – auch international – flexibel sein, und: Nur die Informierten kennen sich im Dickicht des Steuerrechts entsprechend aus. Insbesondere sind sie imstande, sich in der Grauzone zu bewegen und von Schlupflöchern zu profitieren. In bezug auf die Äquivalenzarten der staatlichen Finanzierung gilt: Sie werden in Beträgen fällig, die für sich genommen bescheiden und meist die Folge einer freiwilligen Entscheidung über die Beanspruchung der Staatsleistungen sind. Der Anlaß, sie zu meiden, entfällt.

Mehr Gerechtigkeit ist in hohem Maße durch den Abbau und die Beseitigung der Steuervergünstigungen für Private, Unternehmen und ganze Branchen verbunden. Im wesentlichen sind diese Erleichterungen eine Konzession an jene, welche die direkten Steuern als zu hoch empfinden oder diese nicht zu tragen vermögen. Doch Entlastungen schaffen mannigfaltige Diskriminierungen: Die einen profitieren davon mehr als die anderen, viele gehen aber leer aus. Es ist daher überfällig, der Erosion der Einkommensbesteuerung Einhalt zu gebieten und sämtliche Bestandteile des Einkommens ohne Unterschied zum Gesamteinkommen zu addieren und zu belasten. Das ist aber im Hinblick auf die Anreize des wirtschaftlichen Systems nur sinnvoll, wenn die Steuerbelastung entscheidend zurückgenommen wird. Das trifft auf das marktwirtschaftliche Finanzierungssystem zu und es bringt auch noch mehr Gerechtigkeit bei der Besteuerung der Einkommen natürlicher und juristischer Personen. Und vor allem: Wo Leistungen direkt bezahlt werden, gibt es keine Entlastungen. Jedermann bezahlt den gleichen Betrag.

Mehr Gerechtigkeit ist dadurch zu realisieren, daß

man Subventionen nur noch für gemeinwirtschaftliche Leistungen ausrichtet. Es werden jene abgegolten, die Leistungen für andere erbringen. Das ist gerecht, mehr nicht. Damit entfallen zahlreiche und finanziell gewichtige Subventionen, die lediglich der Erhaltung und dem Ausbau von Einkommenspositionen dienen, die sich der Marktwirtschaft weitgehend bis ganz entziehen. Wohl verstanden: Sie begünstigen durchaus nicht nur jene, die das existenziell benötigen. Es kommt zu einer Umverteilung, welche die Unterschiede oft größer, nicht kleiner macht. Es versteht sich von selbst: Eine solche Subventionspolitik hat keinen Platz in der Marktwirtschaft, sie ist wohlfahrtsstaatlicher Natur.

Mehr Gerechtigkeit entsteht durch den Abbau der Anreize, in die Schattenwirtschaft auszuweichen. Je mehr das Äquivalenzprinzip zum Zuge kommt, desto weniger gibt es die (zu)hohen Belastungen insbesondere bei den direkten Steuern. Es lohnt sich dann kaum noch oder überhaupt nicht mehr, den oft bedeutenden Aufwand zu betreiben, um dem Steuerstaat legal oder illegal auszuweichen. Und nicht zuletzt: Je weniger Wohlfahrtsstaat es gibt, desto geringer werden die vielfältigen Mißbräuche wie u. a. freiwillige Arbeitslosigkeit, Schwarzarbeit, Absentismus und übermäßige Beanspruchung des Gesundheitswesens. Diese Kosten werden entscheidend gesenkt, sie entlasten jene, die keine Mißbräuche betreiben. Das ist ein wichtiger Beitrag für »Mehr Gerechtigkeit«.

Mehr Gerechtigkeit gibt es, indem die soziale Absicherung nicht mehr für jene erfolgt, die auf sie gar

nicht angewiesen sind. Sonst wirft der Wohlfahrtsstaat anderswo dringend benötigte Mittel jenen nach, die ohne weiteres darauf verzichten könnten. Er tut dies, um nicht differenzieren zu müssen und sozusagen jedermann so in seine Pflicht zu nehmen, damit niemand sich gegen den Wohlfahrtsstaat auflehnt. So erzeugt er eine Ungerechtigkeit nach der anderen, nur um seine Macht zu erhalten und zu mehren.
Mehr Gerechtigkeit gibt es auch und vor allem dank der Bekämpfung der Ausbeutung im Steuerstaat. Die Grenzen zwischen Gerechtigkeit und Ausbeutung werden klar und unverrückbar gezogen. Geht der Staat über die soziale Absicherung in der Marktwirtschaft hinaus, so betätigt er sich als Ausbeuter. Er zwingt Personen und Unternehmen zu Einkommensverzichten für Zwecke, die ausschließlich wohlfahrtsstaatlichen Charakter haben. Sie liegen jenseits der Gerechtigkeit und können von den Betroffenen nur als unzumutbar, ungerecht und eben ausbeuterisch empfunden werden. Auf Dauer lassen sie sich das nicht gefallen, sie weichen – in jeder Beziehung – aus: in – aus legaler Sicht – Ungerechtigkeit! Je mehr der Steuerstaat sich einer marktwirtschaftlichen Reform unterzieht, desto akzeptabler wird er: Immer mehr Bürger kehren zu ihm zurück, er geht gestärkt aus seiner Erneuerung nach sozial-marktwirtschaftlichen Grundsätzen hervor.

Mehr Wohlstand ist in fühlbarem Ausmaß von Re-Privatisierungen zu erwarten. In diesen Bereichen wird dann wirtschaftlicher gearbeitet, was die Kosten zugunsten der Konsumenten senkt. Der Steuerstaat

wird durch wegfallende Defizite öffentlicher Anstalten, Betriebe und Unternehmen massiv entlastet. Er kann dies in Form von Steuersenkungen und entsprechend vermehrten Einkommen weitergeben: Diese Steuerzahler freuen sich über den Zuwachs an Wohlstand, den sie nun im privaten Sektor genießen können.
Mehr Wohlstand ermöglichen vor allem De-Regulierungen, sie sind die unabdingbare Bedingung für die fundamentale Erneuerung der Wirtschaft. Dann wird sie entsprechend leistungsfähiger, was ihr ermöglicht, auf Wachstumskurs zu gehen und in einen langfristigen Aufschwung zu münden: Mit dem Wohlstand geht es dauerhaft aufwärts. Die Alternative dazu ist die Abschwächung des Wachstums, die darauf folgende Stagnation und schließlich der Niedergang. Das wird hier deshalb erwähnt, weil die Bürokratie unvermeidbar die Anpassungsfähigkeit einengt. Ist sie weit fortgeschritten, so gibt es für Innovationen immer weniger und schließlich keinen Spielraum mehr.
Mehr Wohlstand kommt schwergewichtig von der Verbesserung der finanziellen und wirtschaftlichen Anreize: Die marktwirtschaftliche Steuerreform beinhaltet einen massiven Abbau von direkten Steuern und den Wegfall der Progression. Damit wird von jenen Spitzen- und Durchschnittsbelastungen endgültig Abschied genommen, die dem Arbeitseinsatz, dem Sparen und der Investitions- und Risikobereitschaft dauerhaften Schaden zugefügt haben. Es kommt nicht von ungefähr, daß hier von Regierungen aller Schattierungen Remedur gefordert und

geschaffen wird. Es muß sich wieder lohnen, zu arbeiten, sich auszubilden, zu forschen, zu entwickeln, zu innovieren und zu investieren. Genau das bewirkt die marktwirtschaftliche Reform der Finanzierung des Staates: Sie verbessert sämtliche Anreize so, daß eine tiefgreifende Erneuerungswelle gar nicht ausbleiben kann. Und vor allem: Die Ausbeutung der Fleißigen geht zu Ende, sie werden sich wieder zum Wohle aller anstrengen.

Mehr Wohlstand ist uns sicher und zwar im offiziellen Bereich, in dem Maße wie die Schattenwirtschaft aufgrund niedriger Steuern und Sozialabgaben sowie von De-Regulierungen zurückgedrängt wird. Zumindest aus der Sicht des Rechtsstaates ist es erfreulich, wenn sich der Wohlstand nicht in der nicht-registrierten, in der versteckten oder eben in der Schattenwirtschaft abspielt. Und vor allem: Dem Staat fließen mehr Einnahmen zu, er wird leistungsfähiger. So hat nicht zuletzt er ein vitales Interesse an der Schaffung von Verhältnissen, welche die Menschen nicht in die Illegalität treiben. Er ist gut beraten, seine Macht über die Individuen nicht zu überschätzen. Sie lassen sich nämlich nicht alles gefallen, denn sonst würde es keine Schattenwirtschaft geben.

Mehr Wohlstand stammt von einer systemgerechten Verschuldung des Staates: Er wird sich nicht mehr für Konsumausgaben verschulden, sondern sich auf Investitionen beschränken, und: die Schulden ordnungsgemäß verzinsen und vor allem tilgen. Die Staatsverschuldung wird an Bedeutung verlieren, dem privaten Sektor steht dann mehr Kapital für produktive Investitionen zur Verfügung. Das fördert

die wirtschaftliche Entwicklung und damit den Wohlstand: Die wirtschaftlichen Grundlagen werden langsam aber sicher verbessert, es kann langfristig aufwärts gehen.
Mehr Wohlstand bringt die marktwirtschaftliche Finanzierung der sozialen Absicherung über die – zweckgebundene – Einkommenssteuer natürlicher Personen. Die Träger der sozialen Sicherheit handeln nicht mehr nach Kapitaldeckungsverfahren. Sie müssen hinfort kein Kapital für die Befriedigung – späterer – (Renten-)Ansprüche akkumulieren. Das befreit sie von schwierigen Anlageproblemen. Anlagen in Staatsanleihen, in Immobilien und Darlehen an private und öffentliche Kreditnehmer entfallen. Das hat zahlreiche Vorteile so u. a.: Der Staat kann sich nicht mehr bei den institutionellen Anlegern des öffentlichen Sektors verschulden. Diese investieren mit Vorliebe in – angeblich oder tatsächlich – sichere Staatspapiere! Die Anlagen im Wohnungssektor sind ohnehin hochproblematisch, denn: Hier gibt es Mieterschutz und Mietzinskontrollen, die immer weniger jene Renditen zulassen, welche für die Anleger erforderlich und interessant sind. Dieser Bereich ist schon heute in hohem Maße sozialisiert! Auf Dauer ist es kaum mehr möglich, mit solchen Anlagen soziale Sicherheit zu produzieren. Und nicht zu vergessen: Darlehen an die öffentliche Hand, nicht selten zu Bedingungen unter dem Marktzinssatz, sind genau so sicher oder unsicher, wie die Zahlungsfähigkeit des Staates. Jedermann weiß es inzwischen: Zahlreiche (Industrie-)Staaten laufen in großen Schritten auf ihre Zahlungsunfähigkeit zu!

Mehr Wohlstand kommt letztlich nur von einer marktwirtschaftlichen Wende aus dem Wohlfahrtsstaat heraus. Das wird inzwischen nicht einmal mehr von (allen) sozialdemokratischen und sozialistischen Regierungen bestritten. Ein unverzichtbares Element dieser – historischen – Wende ist eine fundamentale Reform des veralteten Steuerstaates nach marktwirtschaftlichen Grundsätzen. Sein Finanzgebaren muß systemkonform gestaltet werden. Das bringt nicht nur dem einzelnen oder Gruppen von ihnen, sondern allen mehr Freiheit, Gerechtigkeit und Wohlstand. Dazu gibt es keine Alternative, die Soziale Marktwirtschaft ist das einzige System, das erstrebenswert ist.

Doch nichts geschieht von selbst. Noch so überzeugende Vorschläge, wie Wirtschaft, Staat und Gesellschaft erneuert werden könnten, bleiben ohne Wirkung, wenn sie nicht in der politischen Praxis umgesetzt werden. Damit sind endgültig die Politiker angesprochen, die angeblich oder tatsächlich ihre Wähler vertreten und immer wieder beteuern, sie seien im öffentlichen Interesse tätig. Mithin liegt es an ihnen, das zu unternehmen, was unbedingt erforderlich ist, um die Wende baldmöglichst zu vollziehen. Dieser historischen Verpflichtung müssen sie in vollem Umfange gerecht werden, wollen sie vor künftigen Generationen bestehen können. Diese erwarten von ihnen nicht mehr und nicht weniger als: Mehr Freiheit, mehr Gerechtigkeit und mehr Wohlstand!

Nun sind die Politiker an der Reihe!

Über die Notwendigkeit einer Wende in der Finanzierung des Staates und darüber hinaus ist soviel geforscht, geschrieben und diskutiert worden, daß es keinen Zweifel mehr gibt: Die Wende ist seit den siebziger Jahre überfällig. Es wurde bis in die Details hinein gezeigt, was unverzichtbar zur »neuen Politik« gehört, und wie sie verwirklicht werden kann. Es mangelt also nicht an einer realisierungsreifen Konzeption, wie wir dem Wohlfahrtsstaat entgehen können, doch: In den meisten Industrieländern, insbesondere jenen Westeuropas, sind die Regierungen nur sehr zaghaft ans Werk gegangen, sie haben sich auffallend zurückgehalten, sie sind überzeugt, ohne einschneidende Maßnahmen, die Wende zu schaffen! Je mehr Zeit verstrichen und je mehr traditionelle Politik betrieben wurde, desto stärker ließ man sich von der Konjunkturerholung seit 1983 blenden. Man vergaß, daß diese nach dem üblichen Konjunkturzyklus ohnehin fällig war. Deutlicher gesagt: Zu einem konjunkturellen Aufschwung wäre es sozusagen unabhängig davon gekommen, welche Regierung am Ruder war und ist. Damit ist unmißverständlich gesagt: Die Konjunkturerholung beruht auf einer Ankurbelung der Nachfrage, dieses Muster kennen wir seit den dreißiger Jahren. Bis im Frühjahr 1985 half der US-Dollar kräftig mit, die Exporte aus Europa zu fördern. Die Vereinigten Staaten spielten ihre Lokomotivfunktion in doppelter Hinsicht. Sie vollzogen als erstes Land den Konjunkturaufschwung und gewährten den Westeuropäern und Japanern einen Wettbewerbsvorteil über die aufwertungsbedingten Verbilligungen ihrer Importe. Unter solchen Voraussetzungen vermag es nicht zu erstaunen, daß der Export, insbesondere an Investitionsgütern, in die USA blühte. Die beschäftigungspolitischen Auswirkungen der massiv angewachsenen Aufträge halten noch weiter an. Erst nach einer Verzögerung spielen sich wieder unverfälschte Verhältnisse ein. Erst dann wird ersichtlich, ob die Industrieländer auch strukturelle Fortschritte gemacht haben!

Als der Erdölpreis 1986 auf Talfahrt ging, kam es erneut zu einer »Hilfe von außen« für die Industrieländer. Die sinkenden Energiekosten wirken sich wie Steuersenkungen oder Subventionen aus. Sie verbilligen die Importe und fördern das wirtschaftliche Wachstum. Dieser Impuls kann jahrelang anhalten, jedenfalls solange bis es zu Engpässen in der Erdöl- und Energieversorgung kommen wird. Diese sind vorprogrammiert, denn je billiger Erdöl wird und ist, desto weniger wird für die Erforschung und Erschließung neuer Vorkommen getan. Die laufende Entlastung durch die Energiekosten ist ohne weiteres imstande, den Industrieländern 1987 eine Rezession

zu ersparen. Dann ist ein stetiges Wirtschaftswachstum bis gegen Ende der achtziger Jahre möglich.
So sehr man sich über die mittelfristige Erholung der Wirtschaft und die Mehrung des Wohlstandes freuen mag, es wäre ebenso kurzfristig über eine herausragende Tatsache hinwegzusehen: Die Wachstumskräfte werden überschätzt, man verkauft politisch die günstige Wirtschaftsentwicklung als endgültige Wende, und noch mehr: Es ist in Mode gekommen, von den »goldenen neunziger Jahren« zu sprechen, um so von strukturellen Problemen abzulenken. Das ist durchsichtig: Wir müssen nur optimistisch sein, und schon wendet sich alles von selbst zum Besseren. Wen erstaunt es dabei, daß zahlreiche Regierungen davon ausgehen, wir seien endgültig über den Berg? Je mehr diese Einschätzung dominiert, desto wahrscheinlicher wird es: Die Notwendigkeit einer fundamentalen Erneuerung von Wirtschaft, Staat und Gesellschaft gerät in Vergessenheit. Die Politik geht im bisherigen Stil weiter!
Nichts ist bequemer, als ordnungspolitische Entwürfe als graue Theorie, die der Praxis nicht standhält, abzutun. Was aus der Sicht der Politik nicht machbar erscheint, kann man gleich vergessen. Es sei realistischer, kleine Schritte zu machen, als auf die Verwirklichung von Konzeptionen aus zu sein. Hier wird Entscheidendes übersehen: Es kann keine erfolgreiche Praxis, ohne eine fundierte Theorie geben. Wer seine einzelnen Maßnahmen nicht konsequent an einer »Ordnung«, der Sozialen Marktwirtschaft ausrichtet, der weiß zum einen nicht, was er tut, und zum anderen betätigt er sich deshalb auch

kontra-produktiv. Das zwingt ihn, darauf zu reagieren und die Auswirkungen ordnungspolitischer Fehler zu korrigieren. In dem Maße wie nur kleine Schritte möglich sind, ist es entscheidend, sie richtig, systemkonform zu tun. Andernfalls erreicht man gar nichts. Man tritt an Ort und Stelle oder bewegt sich in die falsche Richtung, in den Wohlfahrtsstaat. Es versteht sich von selbst: Die Wende wird gründlich verpaßt!

Die Chancen für Reformen sind am größten, wenn eine Partei die Mehrheit erringt und allein regieren kann, doch: Die entsprechenden Parteien sind keine homogenen Gebilde, sie zeichnen sich durch widerstrebende Kräfte aus. Daher sind Kompromisse vorprogrammiert, sie tendieren zur »Mitte« und haben deshalb Mühe, sich von traditionellen Vorstellungen zu lösen. Es kommt lediglich zu marginalen Veränderungen, die keine grundlegende Neu-Orientierung, einen Systemwechsel, zulassen. Entsprechende Programme und Wahlversprechen gehen im politischen Alltag mehr oder weniger unter, man zieht sich auf das zurück, was man für möglich hält. Das ist in der Regel nur ein Bruchteil dessen, was für eine Wende erforderlich wäre.

Es ist nicht zu übersehen: Die Nutznießer der traditionellen Politik sind (noch) nicht bereit, auf ihre Vorteile, die nicht selten Privilegien sind, zu verzichten. Die Widerstände haben zahlreiche Dimensionen, sie summieren sich sozusagen zur Unüberwindbarkeit: Es sind u.a. regionale, branchenmäßige, soziale und verbandliche Interessen im Spiel. Sie erfordern einen schwierigen politischen Ausgleich.

Diese Konsenspolitik ist sehr teuer, sie läuft auf Dauer auf die Unbezahlbarkeit hinaus. Die Sonderinteressen höhlen die staatliche Leistungsfähigkeit aus, sie treiben den Steuerstaat in die Verschuldung. Das ist die unerfreuliche Erfahrung der letzten Jahrzehnte.
Kaum eine Regierung glaubt, sie könne es sich leisten, die mächtigen Wirtschaftsverbände, insbesondere die Gewerkschaften, gegen sich zu haben: Entsprechend schreckt sie vor durchgreifenden Reformen zurück, sie weicht dem potentiellen oder tatsächlichen Druck der »Straße«. Ihr geht es offenbar darum, sozusagen um jeden Preis soziale Unrast und politische Unruhen zu vermeiden. Der soziale Friede ist das oberste Gebot. Es versteht sich von selbst: Je mehr solche Bestrebungen dominieren, desto weniger ist es möglich, die gewohnten Bahnen zu verlassen. Es geht weiter wie bisher, die Wende bleibt aus.
Findet man keine Argumente mehr, wieso die Wende nicht durchgezogen wird, so gibt es einen beliebten Ausweg: Der Bürger wünscht keine grundlegenden Reformen, er tritt für die Fortsetzung der bisherigen – friedlichen – Kompromißpolitik ein. Darauf müsse man unbedingt Rücksicht nehmen, denn sonst laufe man Gefahr, nicht wieder gewählt zu werden. Hier kommt das traditionelle Politikverständnis zum Zuge: Die Wähler werden befragt, was sie wünschen. Das und nichts anderes versprechen ihnen die Politiker: Sie werden wieder gewählt! Ihre Macht bleibt erhalten, sie können die bisherige Politik fortsetzen: Die Mühsal einer Wende bleibt ihnen erspart.
Und reißen alle Stricke, so bleibt stets ein Argument

zur Hand: Wir haben schließlich nur den Wählerwillen vollzogen. Wir haben getreu im Auftrage gehandelt, wir durften und konnten nichts anderes tun. Daran gibt es keinen Zweifel: Das ist legitim und geht so gesehen in Ordnung, doch zeigen die letzten Jahrzehnte – unwiderlegbar –, daß wir genau so den Weg in den Wohlfahrtsstaat angetreten haben und in eine Sackgasse geraten sind!

Es tönt paradox, aber: Die Politiker dürfen sich nicht länger nur als – bedingungslose – Vollstrecker der Interessen ihrer Wähler verstehen, denn sonst treiben sie den Steuerstaat in die Zahlungsunfähigkeit. Sie berufen sich auf Wähler, die immer mehr fordern, ohne entsprechend dafür bezahlen zu wollen. Sie verlieren an sachlicher Kompetenz, die Qualität der politischen Entscheidungen nimmt entsprechend ab. Es ist abzusehen: Die Grenze zur Willkür und zum Abenteuer ist in Sicht. Doch das ist eine ernstzunehmende Gefahr für jede Demokratie. Sie wird zum Spielball von Informationen und mächtigen Gruppen, der Wähler hat das Nachsehen.

Es ist nicht erst heute unverzichtbar, die Politik neu zu orientieren. Sie muß sich aufklärerisch über die individuellen und gruppenmäßigen Interessen hinaus betätigen. Es liegt an ihr, die beste ökonomische, soziale, politische und gesellschaftliche Ordnung, die Soziale Marktwirtschaft, unter das Volk zu bringen. Das ist ein sehr anspruchsvolles Unterfangen, denn: Die Wähler müssen davon überzeugt werden, daß sie bestimmte Verzichte zugunsten der sozial-marktwirtschaftlichen Wende leisten müssen. Sie von einem System zu überzeugen ist entschieden schwieriger, als ihnen konkrete Leistungen zu versprechen und sie über deren Finanzierung im Dunkeln zu lassen. Man kann heute und künftig nur hoffen, daß die Zahl jener Politiker, die ordnungspolitisch konsequent zu informieren und zu agieren bereit sind, so rasch zunimmt, daß sie zur Mehrheit werden. Einen anderen Weg aus dem Wohlfahrtsstaat und der Krise des Steuerstaates heraus gibt es nicht.

Man mag die zahlreichen Argumente, wieso die Sanierung des Steuerstaates bisher ausgeblieben ist, durchaus verstehen, doch: Sich damit abfinden, das darf man unter keinen Umständen. Je länger wir nämlich mit der Bewältigung der Krise des Steuerstaates warten, desto schwieriger wird dieses Unterfangen. Es ist überfällig, die guten Konjunkturjahre nicht verstreichen zu lassen, ohne den Steuerstaat zügig nach sozialmarktwirtschaftlichen Grundsätzen zu reformieren. Die Gunst der Zeit ist voll zu nutzen, denn verschlechtert sich die wirtschaftliche Entwicklung, so kommen die alten Strukturprobleme erneut zum Durchbruch! Das wird als Anlaß genommen, die fundamentale Reform des Steuerstaates zu vertagen, sogar mit kurz- und mittelfristig guten Argumenten, aber: Es kommt zu einer wachsenden Verschuldung, um die Nachfrage anzukurbeln. Dann wird die alte Finanzpolitik fortgesetzt, wir bewegen uns mit großen Schritten auf die Zahlungsunfähigkeit, den Staatsbankrott, zu!

Wer wider besseres Wissen die Chancen zur Überwindung der Krise des Steuerstaates nicht wahrnimmt, der handelt fahrlässig. Zerrüttete Staatsfinanzen schwächen den Staat und höhlen die

Demokratie aus: Sie ging, wir wissen es, dabei auch unter. Dann ist es mit der Freiheit, der Gerechtigkeit und dem Wohlstand aus. Die Verantwortung jener, die dazu aufgerufen sind, den Steuerstaat in Ordnung zu bringen und seine Zahlungsunfähigkeit endgültig anzuwenden, ist entsprechend groß. Sie dürfen nicht zu Versagern werden, denn sonst droht uns allen Zwang, Ungerechtigkeit und Armut!

Bibliographie

Albers, W: Umverteilungswirkungen der Einkommenssteuer, in: Derselbe (Hg.): Öffentliche Finanzwirtschaft und Verteilung, Schriften des Vereins für Sozialpolitik, N.F., Bd. 75/II, Berlin 1974, S. 69ff.

Aldung, R.: Subventionen: Dauerthema oder Dauerleiden?, in: List Forum, Bd. 13 (1986/86), Heft 4, S. 256ff.

Bernholz, P.: Der Wohlfahrtsstaat auf dem falschen Weg? Steigende Staatsausgaben als negativer Beschäftigungsfaktor, in: Neue Zürcher Zeitung, Nr. 277, 1982.

Bohley, P.: Gebühren und Beiträge, Tübingen 1977

Bund der Steuerzahler: Quasi-Steuern. Gegen den Wildwuchs steuerähnlicher Sonderabgaben, Heft 46, Wiesbaden 1980

Bund der Steuerzahler: Grenzen für den Steuerstaat, Deutscher Steuerzahlerkongreß 1983, Wiesbaden 1983

Bund der Steuerzahler: Abbau und Ersatz der Gewerbesteuer, Heft 57, Wiesbaden 1984

Bund der Steuerzahler: Grenzen für den Steuerstaat, Deutscher Steuerzahlerkongreß 1985, Wiesbaden 1985

Cassel, D.: Wachsende Staatsverschuldung – Wohltat oder Plage?, in: List Forum, Bd. 10 (1979/80), Heft 5, S. 265 ff.

Cassel, D.: Schattenwirtschaft – eine Wachstumsbranche?, in: List Forum, Bd. 11 (1981/82), Heft 6, S. 343 ff.

O'Connor, J.: Die Finanzkrise des Staates, suhrkamp taschenbuch wissenschaft, Bd. 83, Frankfurt a. M. 1974

Davidson, J.: Die Quetsche, München 1982

Engels, W. u. a.: Vorschläge zu einer »Kleinen Steuerreform«, Frankfurter Institut für wirtschaftspolitische Forschung e. V., Bd. 2, Frankfurt 1983

Engels, W.: Über Freiheit, Gleichheit und Brüderlichkeit, Frankfurter Institut für wirtschaftspolitische Forschung e. V., Frankfurt 1985

Folkers, K.: Begrenzung der Staatsausgaben in den USA, Baden-Baden 1983

Franke, S.: Theorie und Praxis der indirekten Progression, Baden-Baden 1983

Frey, B. u. a.: Schattenwirtschaft, Wist Taschenbücher, München 1984

Giersch, H. (Hg.): Wie es zu schaffen ist. Agenda für die deutsche Wirtschaftspolitik, Stuttgart 1983

Goode, R.: Grenzen der Besteuerung, in: Finanzierung und Entwicklung, Nr. 1, Hamburg 1980

Haubrichs, W.: Die Verschwendung, München 1979

Hayek, von F. A.: Die Ungerechtigkeit der Steuerprogression, in: Schweizer Monatshefte, Heft 8, 1952

Heidinger, G.: Betriebssteuer und vollsynthetische Einkommenssteuer, Schriften zum österreichischen Abgabenrecht, Bd. 17, Wien 1983

Hickel, R.(Hg.): Die Finanzkrise des Steuerstaates. edition suhrkamp, Frankfurt a. M. 1976

ifo schnell-dienst: Grenzen der Besteuerung, 16/17, 16. Juni 1981.

Kemp, J. und Leuschel, R.: Die amerikanische Idee, München 1985

Ludwig Erhard Stiftung e. V.: Mehr Soziale Marktwirtschaft – Weniger Subventionswirtschaft, Stuttgart 1984

Ludwig Erhard Stiftung e. V.: Ludwig Erhard und seine Politik, Stuttgart 1985

Marsden, K.: Links between Taxes and Economic Growth, Some Empirical Evidence. World Bank Staff Working Papers, Nr. 605, Washington D. C. 1983

Martin, P. C.: Wann kommt der Staatsbankrott?, München 1983

Martin, P. C. und Lüftl, W.: Die Pleite, München 1984

Mitsche, J.: Steuer- und Transferordnung aus einem Guß, Baden-Baden 1985

Neumark, F.: Steuern: Überstürzte Änderungen, in: Wirtschaftswoche, Nr. 43, 22. 10. 1982

Neumark, F.: Steuerpolitik: Wo bleibt die Wende?, in: Wirtschaftswoche, Nr. 39, 16. 9. 1983

Neumark, F.: US-Einkommenssteuer-Reform, in: Wirtschaftswoche, Nr. 28, 5. 7. 1985

OECD: Social Expenditure 1960–1990, Problems of Growth and Control, Paris 1985

Perelman, Ch.: Über Gerechtigkeit, Beck'sche Schwarze Reihe, B. 45, München 1967

Peres, W.: Die Steuerhinterziehung im Spiegel der Rechtssprechung, Finanzwissenschaftliche Forschungsarbeiten, Heft 27, Berlin 1963

Pommerehne, W.: Steuerhinterziehung und Schwarzarbeit als Grenzen der Staatstätigkeit, in: Schweizerische Zeitschrift für Volkswirtschaft und Statistik, Bd. 119, S. 1 ff.

Schmölders, G.: Der verlorene Untertan, Düsseldorf 1971

Schmölders, G. und Hansmeyer, K.: Allgemeine Steuerlehre, 5. Auflage, Berlin 1980

Schmölders, G.: Der Wohlfahrtsstaat am Ende. Adam Riese schlägt zurück, München 1983

Schoeck, H.: Der Neid, München 1980

Seidl, Chr.: Normative Theorien der Steuerdisziplin der Selbständigen, Eine Analyse des Zensitenverhaltens, Wien 1974

Tipke, K.: Steuergerechtigkeit in Theorie und Praxis, Köln 1981

Wartin, Chr.: »Marktversagen«: versus »Staatsversagen«. Zur Rolle von Markt und Staat in einer freien Gesellschaft, Schriftenreihe des Vororts, Nr. 42, Zürich 1986

Winteler, E. U.: Kapitalanlagen über Steueroasen, Wiesbaden 1980

Wittmann, W.: Steuerung der Versorgung mit Staatsleistungen über das Äquivalenzprinzip, in: P. Bohley und G. Tolkemitt (Hg.): Wirtschaftswissenschaft als Grundlage staatlichen Handelns, Tübingen 1979

Wittmann, W.: Zweckbindung öffentlicher Einnahmen, in: D. Pohmer(Hg.): Beiträge zum Äquivalenzprinzip und zur Zweckbindung öffentlicher Einnahmen, Schriften des Vereins für Socialpolitik, N. F., Bd. 121, Berlin 1981

Wittmann, W.: Der Steuerstaat am Wendepunkt, in: Frankfurter Allgemeine, 3. 10. 1981

Wittmann, W.: Mechanismen wachsender Staatsausgaben, in: Neue Zürcher Zeitung, 13./14. 3. 1982

Wittmann W.: Der verschuldete Steuerstaat, in: Schweizer Monatshefte, Heft 11, 1982

Wittmann, W.: Die Wohlfahrts-Ansprüche überfordern den Steuerstaat. Ungekürzte Fassung. Welt am Sonntag 16. 10. 1983

Wittmann, W.: Im Teufelskreis der Ausbeutung, in: Frankfurter Allgemeine, 24. 11. 1984

Wittmann, W.: Mehr Markt statt Steuern, in: Wirtschaftswoche, Nr. 38, 14. 9. 1984

Wittmann, W.: Wer die Wende zur Marktwirtschaft verpaßt, wird zum Versager, in: Welt am Sonntag, 28. 7. 1985

Zeppernik, P.: Steuerpolitik: Alte Lehren vergessen, in: Wirtschaftswoche, Nr. 41, 7. 10. 1983

Paul C. Martin

Cash

Strategie gegen den Crash

Wirtschaftsverlag Langen-Müller/Herbig

Jack Kemp
Roland Leuschel

Die amerikanische IDEE

Wachstum – unsere Zukunft

Wirtschaftsverlag Langen-Müller/Herbig